JN044875

帝国日本と越境するアスリート

高嶋航　金誠〔編〕

塙書房

まえがき——満洲のスポーツから帝国日本のスポーツへ

二〇一九年のラグビーワールドカップ日本代表の半数近くが「外国人」であったことはまだ記憶に新しい。代表に国籍を問わないラグビーはやや特殊ではあるが、他の競技でも外国出身の日本代表は珍しいことではなくなっている。

戦前の日本でも、現在の韓国・北朝鮮や台湾出身の選手が日本代表として国際競技会に出場していた。よく知られるのがベルリン五輪のマラソンで金メダルをとった孫基禎《そんきてい》《ソンギジョン》（21。番号は本論による。以下同じ）である。国内の競技会についても、映画『ＫＡＮＯ』などを通じて、戦前の夏の「甲子園」大会に外地（満洲、朝鮮、台湾）の代表が参加していたことが認知されるようになっている。

帝国日本のスポーツ界は決して内地で完結していたわけではない。内地と外地の間、外地と外地の間には、濃密なネットワークが張りめぐらされ、たえまなく人やモノが行き交っていた。敗戦により帝国日本が瓦解すると、かつての外地が独立し、さらに冷戦がそれぞれの国を分断し、人やモノの移動は大きく制限されることになった。こうして、独立し、分断された各地域で「ナショナル」なスポーツ界が形成されていった。

しかし、帝国日本のスポーツは、これによって消え去ったわけではない。そこで育まれた人的関係、蓄積された知識や技術は、さまざまなかたちで戦後各地域のスポーツに継承された。したがって、帝国日本のスポーツを理解することは、今日の東アジアのスポーツを理解することにつながるのである。いや、むしろ今日の東アジアのスポーツは、帝国日本のスポーツを理解することなしに理解できないのではないか。

かつての日本は帝国であった――このこと自体は誰しも知識としてもっている。ただ、スポーツを考える際に、どこまでそのことが意識されてきただろうか。日本の植民地であった朝鮮や台湾のスポーツについてはそれなりに研究がなされてきた。しかし、それらは個別になされてきただけで、帝国日本を総体として捉えるような研究はいまだ存在しない。その最たる証拠が満洲スポーツ史研究の不在である。このことは、戦前のスポーツ界における満洲、そして満洲国の存在の大きさを考えるなら、いかにこれまで帝国日本という視角が存在しなかったかを物語っている。スポーツ以外の分野で帝国日本という概念がすでに新鮮味を失いつつあることを鑑みれば、スポーツ史の現状には大きな問題がある。

言い換えれば、満洲というミッシングリンクを埋めることができれば、帝国日本のスポーツの全体像を描くことが可能となるわけである。もちろん、満洲スポーツ史研究に着手したばかりの段階で、いきなり帝国日本のスポーツを理解することはできない。ただ、この二つの仕事は、一つを済ませてから、もう一つに取りかかるというような性質のものではない。満洲を理解するには帝国日本を理解しなければならず、逆もまたしかりである。本書は、満洲のスポーツを明らかにしようとする我々が、これと並行して帝国日本のスポーツの全体像を明らかにする試みの一端である。

本書はプロローグと本論四部で構成される。プロローグでは、本書刊行の目的を述べるとともに、ネットワークという視点から帝国日本のスポーツの特徴をまとめた。つづく本論では、帝国日本を越境したアスリートの生きざまを描いた。

第一部では満洲にゆかりの深いアスリートを紹介する。満洲スポーツの父岡部平太（3）、東京六大学野球で活躍した浜崎真二（8）や谷口五郎（9）、中国で最初のオリンピアン劉長春《りゅうちょうしゅん》《リウチャンチュン》（14）らを取り上げる。第二部、第三部では孫基禎や張星賢《ちょうせいけん》《チャンシンシエン》（26）ら朝鮮人、台湾人のアスリートが主人公である。第四部は、スタルヒン（35）ら日本を拠点として活躍した外国人、牛島辰熊（33）ら内地を拠点としながらも帝国日本のスポーツ界に影響を及ぼした日本人を取り上げる。

また、中村是公（1）や星野直樹（4）のようにアスリートと呼ぶにはどうかと思われる人物を入れたのは、彼らがスポーツに及ぼした影響を考慮してのことである。なお、各部での配列は生年順とした。時代の変化を感じ取ってもらえると思う。

こうした構成を取ったのは、まずプロローグで全体の見取り図を頭に入れてから、個々のアスリートをそのなかに当てはめていくとわかりやすいと考えたからだが、気になるところから、気の向くままに読んでもらっても一向に構わない。本書におさめるアスリートの多くは、一般にあまり知られていない人たちだが、その人生はそれぞれ興味深い一つの物語となっている。本書を編んだ目的は、それぞれのアスリートの人生を規定した大きな時代背景があったことを考えてもらうことにあるので、順番はともかく、ぜひ全体に目を通していただきたい。

（高嶋航）

目次

第三部　台湾

第四部　内地

凡例

・引用資料は新字体に改め、句読点を補った。
・編者・執筆者による注記・補足は〔 〕で示した。
・学校、大会等の名称で、頻出するもの、時期によって名称が変わるものは、以下の略称を用いた。

早稲田大学（早大）、慶應義塾大学（慶大）、明治大学（明大）、帝国大学（帝大）、東京高等師範学校（東京高師）、第一高等学校（一高）、第三高等学校（三高）、嘉義農林学校（嘉農）、満洲倶楽部（満倶）、南満洲鉄道株式会社（満鉄）、極東選手権競技大会（極東大会）、東亜競技大会（東亜大会）、明治神宮競技大会（明治神宮大会）、朝鮮神宮競技大会（朝鮮神宮大会）、全国中等学校優勝野球大会（「甲子園」大会）、大連実業団と満洲倶楽部の定期戦（実満戦）、国際オリンピック委員会（ＩＯＣ）

帝国日本と越境するアスリート

プロローグ　ネットワークから見る帝国日本のスポーツ

帝国日本の範囲

帝国日本の範囲とはどのようなものか。帝国日本という概念に厳密な規定があるわけではなく、論じる対象や方法に応じて、さまざまな帝国日本を設定することが可能である。本書では、いわゆる「内地」と「外地」の総体を帝国日本とみなす。外地の範囲は満洲、朝鮮、台湾とし、樺太、沖縄、ハワイ、ブラジル、南洋、中国の占領地などは考察の対象に含めない。なぜなら帝国日本のスポーツ界におけるプレゼンスという点で、満洲、朝鮮、台湾はやはり突出していたからである（樺太のスキーやハワイの野球といった例外はある）。それは「甲子園」大会の地区の扱いに明瞭にうかがうことができる。満洲、朝鮮、台湾は毎年代表を甲子園に送り込んでいた。沖縄は南九州地区予選に参加したものの、予選の壁を突破できなかった。樺太は北海道地区に含まれたが、一度も予選に参加しなかった。その他の地域は「甲子園」大会の範囲に含まれなかった。

甲子園にやってきた外地代表のほとんどが日本人チームだったが、朝鮮と台湾の代表には、朝鮮人や台湾人（漢人と原住民）の選手が含まれることもあった。彼らもまた当時の基準でいえば「日本人」であったが、狭義の日本人とは異なるものとして受け止められた（以下、日本人は狭義のそれを指す）。帝国日本は日本人だけで構成されていたわけではない。外地で日本人は少数派に属し（樺太は例外）、多数の台湾人、朝鮮人、中国人に囲まれて暮らしていた。このうち、台湾人や朝鮮人は「日本人」であったが、満洲の中国人は「日本人」ではなかった。しかし、満洲の中国人を帝国日本の構成員とみなすこともできる。むしろ彼らに着目することで帝国日本の境界が浮かび上がってこよう。本書で劉長春《りゅうちょうしゅん》《リウチャンチュン》（14）と于希渭《うきい》《ユーシーウェイ》（14）を取り上げたのも、そのような理由からである。

外地のプレゼンス

日本のスポーツ史研究で外地の存在があまり注目されてこなかったのは、内地のスポーツにそれほど影響がなかったと考えられてきたからかもしれない。そもそも、帝国日本の内地の人々にとって、外地は遠い存在だったのだろうか。

一九三〇年の時点で、日本人の二%が海外（内地以外の土地）に住んでいた。一九四〇年になるとこの数値は四・四%と倍増する。本書で考察の対象とする外地、すなわち満洲、朝鮮、台湾に限定すれば、一九三〇年で一・五％、一九四〇年で二・八％となる。あまり大きな数値ではないと思うかもしれない。しかし、職業別に見れば、一九四〇年時点で、スポーツと関係の深い公務自由業従事者の五・九％、交通業従事者の四％が外地に住んでいた。これでもまだピンとこないかもしれない。

一・五％ないし二・八％というのはあくまで集計時点での外地居住者である。実際にはその多くが数年程度しか滞在しない。外地居住経験者というかたちで統計をとれば、もっと数値は高くなるはずである。具体的な例を挙げよう。一九一六年三月卒業の東京高師体操専修科生三六名のうち、少なくとも五名が満洲、三名が朝鮮に渡っている。早くに亡くなった二名を除くと、外地居住経験者は二三・五％にのぼる。岡部平太（3）はその一人である。また、飛田穂洲《とびたすいしゅう》『早稲田大学野球部史』所収の「試合出場選手年代表」が挙げる一九二〇年から一九二四年の選手三〇名のうち、満洲に渡った選手は七名いる。谷口五郎（9）はその一人である。

果たしてこれらは例外だろうか。東京高師の場合、その卒業生の大部分が中等学校で教鞭をとった。外地にもたくさんの中等学校があったから、外地と関わる確率はおのずと高くなる。野球の場合、帝国日本規模でネットワークが発達し、先輩が後輩を外地に呼び寄せるというかたちで、一つの学校やクラブから外地へ渡る者が相次ぐという現象が見られる。早大野球部はこのケースに当てはまるだろう。これを例外と見ることもできようが、当時の学生スポーツの中心であった東京高師や早大では、外地がさほど縁の遠い存在ではなかったと評価することもできる。スポーツは大正期に大衆化するといわれるが、それでもなおエリート男性が中心であった。彼らの就職先となった大企業、官庁、軍隊などでは外地への異動も珍しいことではなかった。

スポーツ界にとって外地は身近な存在だったというだけではない。外地は帝国日本のスポーツ界で大きな存在感を示していた。

「甲子園」大会では、一九二六年に満洲の大連商業が準優勝している。それまで大連商業は二年連続で準決勝に進んでおり、当時は強豪校の一つに数えられていた。一九三一年には台湾の嘉農が準優勝した。三民族からなる植民地チームの活躍は、映画『KANO』で広く知られるようになった。中等学校スポーツ界で外地勢の活躍が目立つのはラグビーである。全国中等学校ラグビー大会では、一九三〇年以降、外地勢が上位を独占した（表1）。

サッカーでは、一九二七年に朝鮮の崇実中学、一九四〇年にも朝鮮の普成中学が全国優勝を果たした。一九三一年に始まる全国中等氷上競技大会で外地勢は毎年参加したわけではなかったにもかかわらず、スピードスケートで朝鮮の新義州商業が二度、満洲の奉天中学が一度優勝し、アイスホッケーで満洲の新京商業が三度、朝鮮の京城師範が二度優勝している。

大学、専門学校のレベルでは、外地勢の活躍はあまり見られない。これは、高等教育機関が内地に集中していたことと関係がある。外地の優秀な人材の多くが内地に進学したからである。

しかし、社会人に目を向けると、外地勢は大いに健闘した。都市対抗野球大会では、第一回大会からの満洲の大連勢三連覇と、朝鮮の全京城による二連覇が特筆される（表2）。準優勝は五回あり、外地勢は毎回必ず準決勝まで勝ち進んだ。

職業野球でも外地球界の存在は大きかった。東京巨人軍の創設メンバー一九名のうち、田部武雄(13)、水原茂、津田四郎、山本栄一郎は満洲球界に在籍経験があり、青柴憲一はのちに大連実業団に入団する。堀尾文人はハワイ出身で、スタルヒン(35)はハルビンを経て北海道にやってきた白

表1　全国中等学校ラグビー大会優勝、準優勝校

年度	優勝校		準優勝校	
1930	京城師範	朝鮮	天理中学	奈良
1931	京城師範	朝鮮	同志社中学	京都
1932	京城師範	朝鮮	天理中学	奈良
1933	秋田工業	秋田	京城師範	朝鮮
1934	鞍山中学	満洲		
	台北一中	台湾		
1935	天理中学	奈良	神戸一中	兵庫
1936	培材高普	朝鮮	台北一中	台湾
1937	秋田工業	秋田	養正高普	朝鮮
1938	撫順中学	満洲	秋田工業	秋田
1939	撫順中学	満洲	秋田工業	秋田
1940	台北一中	台湾	福岡中学	福岡

表2　都市対抗野球大会優勝、準優勝チーム

年度	優勝		準優勝	
1927	満洲倶楽部	大連	全大阪	大阪
1928	大連実業団	大連	東京クラブ	東京
1929	満洲倶楽部	大連	名古屋鉄道局	名古屋
1930	東京クラブ	東京	名古屋鉄道局	名古屋
1931	東京クラブ	東京	全横浜	横浜
1932	全神戸	神戸	満洲倶楽部	大連
1933	東京クラブ	東京	全京城	京城
1934	全大阪	大阪	八幡製鉄	八幡
1935	東京クラブ	東京	川崎コロムビア	川崎
1936	門司鉄道局	門司	満洲倶楽部	大連
1937	八幡製鉄	八幡	東京クラブ	東京
1938	藤倉電線	東京	全京城	京城
1939	藤倉電線	東京	庄内田村駒	庄内
1940	全京城	京城	大連実業団	大連
1941	中止			
1942	全京城	京城	大同製鋼	大阪

系ロシア人だった。

オリンピックの日本代表にも、外地関係者は少なからずいる。一九二〇年のアントワープ五輪日本代表のうち、大浦留市（陸上）、茂木善作（陸上）、斎藤兼吉（陸上、水泳）（6）はのちに満洲に渡った。一九三二年のロサンゼルス五輪からは権泰夏《ごんたいか》《クォンテハ》（陸上）、金恩培《きんうんばい》《キムウンベ》（陸上）、黄乙秀《こういつしゅう》《ファンウルス》（ボクシング）、張星賢《ちょうせいけん》《チャンシンシェン》（陸上）（26）ら、朝鮮人や台湾人の選手が登場する。もし一九四〇年に東京五輪が開催されていれば、外地のプレゼンスはさらに高まったであろう。

冬季オリンピックでは外地の存在感がさらに大きかった。スキーでは一九三二年のレークプラシッド冬季五輪に樺太から三名が出場している。スピードスケートは満洲勢と朝鮮勢が圧倒していた。一九三二年のレークプラシッド冬季五輪では四名の選手のうち三名が満洲出身の選手だったし、一九三六年のガルミッシュパルテンキルヘン冬季五輪でも七名の選手のうち三名が満洲出身、三名が朝鮮出身だった。

移動する人々

本書は帝国日本を移動するアスリートに着目した。人の移動の軌跡を辿ることで、人と人を結ぶネットワークが浮かび上がる。そのようなネットワークの総体として帝国日本のスポーツが捉えられるのではないか。もしそうなら、それはどのようなネットワークなのか。スポーツのネットワークは他の分野のネットワークとどのような違いがあるのか。まだ模索の段階ではあるが、個々の移動の事例から帰納して得られた全体像を簡単にスケッチしてみることにしたい。

帝国内の移動としてまず挙げられるのは内地から外地への移動である。就職や転勤がその重要な契機となる。満鉄運動会を創設した満鉄総裁中村是公（1）、満洲に野球を移植した満鉄社員の平野正朝、朝鮮体育協会設立の立役者である朝鮮銀行総裁の美濃部俊吉、台湾体育協会を設立した台湾総督府総務長官の下村宏らは、外地でスポーツ振興に努めた。彼らはアスリートといえないかもしれないが、帝国日本のスポーツを考えるうえでは重要である。

外地でスポーツが盛んになると、内地スポーツ界での活躍が認められて、特に招聘される人々が出現する。いわゆる体育会系就職である。満洲では一九一八年に満鉄に就職した元早大エースの岸一郎が最初の事例であろう。このような移動には、外地の側にスポーツ選手を受け入れる雇用主とスポーツができる環境が必要となる。満鉄は帝国日本の企業のなかでもいち早く社員スポーツに取り組んできた。その巨大な規模（一九二〇年代で約二万人）と莫大な資金を背景に、岡部平太や中沢不二雄（5）らは内地から優秀なスポーツ選手を次々と呼び寄せた。かくして、満洲はスポーツ王国となり、スポーツ選手の有力な就職先となっていった。朝鮮や台湾では総督府（一九二〇年代で朝鮮総督府が二・八万人、台湾総督府が一・二万人）が満鉄と同じ役割を果たした。総督府には鉄道部門が含まれていて、内地や満洲と同じく、鉄道関係者が朝鮮と台湾のスポーツ界でも中心的な役割を果たした。

個人的なネットワークも重要である。内地から外地へ、あるいは外地から内地へと移動した人々が、友人や後輩を呼び寄せるという事例はきわめて多い。田部武雄の出身校広陵中学は、野球部員の多くが満洲に渡った。田部自身は安藤忍、中島謙、中沢不二雄らが築いた明大から満洲へのパイプを逆に辿って、明大入学を果たした。満洲のスケート選手たちは早大へと進んだ。古くは小西健一がおり、その後に石原省三、南洞邦夫(16)らが続いた。

外地から内地への移動は、就職、転勤に加えて、進学が主要な契機となってくる。外地には高等教育機関が少なかったため、外地の中等学校を卒業した学生の多くが内地の大学・専門学校に進学した。朝鮮の養正高等普通学校から普成専門学校を経て明大に進学した孫基禎《そんきてい》《ソンギジョン》(21)、台湾の嘉農エースとして「甲子園」大会で準優勝を果たした後、早大に進学した呉明捷《ごめいしょう》《ウーミンジェ》らがそれである。柯子彰《かししょう》《コーズージャン》(27)のように、中国で育ち、同志社中学に進学したような事例もある。外地出身者の多くは日本での学業を終えると出身地に戻ったが、日本に残ったり、張星賢のようにさらに別の外地に移動したりする者もいた。

内地で職業野球団が結成されると、外地から多くの優秀な選手がリクルートされた。そのなかには、台湾の嘉農の呉波《ごは》《ウーボー》(呉昌征《ごしょうせい》《ウーチャンジョン》)(29)のような外地出身者だけでなく、田部武雄のように外地の球界で活躍していた日本人や、ジミー堀尾のようなハワイの日系人選手が含まれていた。

外地間の移動は内地と外地の間の移動より少ない。スケートと野球の選手だった潁原卓爾《えばらたくじ》は朝鮮の京城中学を卒業後、満洲の旅順工科大学に進み、満洲電業に就職、一九四〇年の東亜大会で満洲国のフィギュアスケート監督を務めた。外地間の移動には、内地への移動が介在することが多かった。朝鮮から満洲、内地、満洲へと移動した谷口五郎、満洲から内地、朝鮮、台湾、内地とめぐった木下博喜らはその一例である。谷口や木下の軌跡から見て取れるように、内地から外地、外地から内地、外地から外地という移動は、実際には複数回にわたる複合的なものであった。とはいえ、外地間の移動が相対的に少ないことは、帝国日本のネットワークが内地からそれぞれの外地へと放射状に広がるものであったことを示している。このことは、より短期の移動を視野に入れたとき、いっそう明瞭になる。

外地／内地遠征

短期の移動とは、具体的には遠征のことである。相当数の選手やチームが内地から外地に、外地から内地に、あるいは外地から外地に遠征していた。なかには、修学旅行や視察のついでに試合をする程度のものもあったが、ここでは試合を主目的とする遠征に限定して話を進めたい。

内地から外地への遠征の多くが、大学や専門学校の運動部によるもので、一九一七年の早大野球部満洲遠征をもって嚆矢とする。その後、満洲や朝鮮には、毎夏内地の野球チームが多数押し寄せた。満洲と朝鮮はセットで回ることが多く、北京や天津に足を伸ばして現地の米軍チームと対戦することもあった。野球に限らず、陸上競技、テニス、武道などありとあらゆる競技団体が満鮮遠征に繰り出した。ヨーロッパ遠征軍がその行き帰りに満洲と朝鮮に立ち寄り、試合や模範演技をすることもあった。台湾への遠征は、満洲や朝鮮に比べると少なかった。台湾は遠かったし、強いチームが少なかった。けれども、野球の場合は冬の遠征先として貴重な存在だったし、フィリピン遠征に組み込まれる場合もあった。

外地から内地への遠征は、内地から外地への遠征ほど頻繁に行われたわけではない。また、オリンピックや極東大会の全日本予選、各競技の全日本選手権、明治神宮大会、武徳祭大演武会など、帝国日本規模の大会への出場というかたちを取ることが多かった。

外地から外地への遠征は、地理的に近い満洲と朝鮮の間で盛んだった。両地の間では、各種の対抗試合が開催されたほか、満鮮対抗競技大会のような大規模な総合競技会も実施された。満洲・朝鮮と台湾の間の遠征も数は少ないながら実施されている。三つの外地による競技会は、一九二三年に初めて企画されたが、台湾がキャンセルして満鮮対抗陸上競技となった。一九三五年には台湾始政四十周年記念として台北で三外地対抗陸上競技会が開かれ、翌年には関東局三十周年記念として大連で外地対抗の野球とラグビーの大会が開かれた。外地で三外地が顔をそろえる機会は少なかったが、明治神宮大会や「甲子園」などの大会には、毎回三外地の代表が参加した。一九三四年に開かれた内外地対抗武道大会は、内地と外地が対抗するという珍しい企画で、朝鮮、台湾、関東州、樺太庁、南洋庁から選士が派遣された。

短期の遠征が、より長期の移動に結びつくことも多かった。一九一七年の満洲遠征で満洲チームを総なめにした早大エース岸一郎は翌年満鉄に就職した。逆のケースとして、一九三一年夏の「甲子園」大会で嘉農を準優勝に導いたエース呉明捷が早大に進学したことが挙げられる。台湾花蓮港のアミ族少年により結成された野球チーム能高団は、一九二五年の内地遠征でその存在を認められ、うち三人の選手が平安中学に入学した。その一人ロードフ（伊藤次郎）は平安中学と法大のエースとして活躍し、一九三六年に東京セネタースに入団した。

朝鮮や台湾と違って、満洲では現地の中国人を「日本人」に同化させなかった。満洲の中国人には、日本人が運営する中国人向け教育機関だけでなく、中国側の教育機関で学ぶという選択肢もあった。劉長春と于希渭は日本側の中国人向け初等、中等教育機関で学び、中国側の高等教育機関に進んだ。その後、劉は中国を、于は満洲国を代表して、国際競技会に出場した。このように、帝国日本のスポーツのネットワークは、決して閉ざされたものではなく、満洲のようなところでは、中国や満洲国のスポーツのネットワークと重なり合っていた。

ネットワークの特徴

帝国日本のスポーツのネットワークをもう少し細かく見てみると、競技の種類によってネットワークの広がりに違いがあることがわかる。くわえてそれは時期によって変化していた。まず競技別にネットワークの特徴を概観しよう。

最も活発な移動が見られたのは野球である。野球の本場アメリカへの遠征は、野球選手なら誰もが憧れたであろうが、そう簡単に行けるものではなかった。ホノルル、マニラ、天津などはより手軽に本場の野球を味わえる場所だった。外地はさらに手軽な遠征先であり、実際に数多くのチームが毎夏満洲や朝鮮を転戦した。満鮮遠征では、大連と京城だけでなく、地方都市も日程に組み込まれた。それなりの実力を有するチームが満鮮の各地に散らばっていたからである。これら地方都市のチームの主力は内地から来た選手だった。実力さえあれば、田部武雄のように、大連、さらには内地の球界で活躍の機会が与えられた。彼らは内地と外地とを問わず、より良い条件を求めて移動を繰り返した。

バレーボールやバスケットボールでは、内地と外地をまたぐネットワークはあまり顕著ではなかったが、それでも李相佰《りそうはく》《イサンベク》（19）や佐藤賢吉（15）のような人たちの活躍が見られる。バスケットボールやサッカーでは、中国側との交流も少なからずあった。

冬季スポーツのネットワークは、言うまでもなく北に偏していた。全日本選手権が外地で開催されたのは、スキーとスケートに限られよう。

武道や相撲のような伝統的スポーツは、これまで挙げてきたスポーツと状況がかなり異なる。相撲の外地巡業はスポーツの遠征よりずっと早くに始まっている。一八九七年に台湾を巡業した京都相撲がその嚆矢である。台湾では一九〇〇年に武徳会が設立されている。満洲と朝鮮でも武道団体が設立されていくが、満洲あるいは朝鮮全体を管轄する武道団体が組織されるのは一九二〇年代である。武道では、警察、軍隊、在郷軍人会のネットワークも重要である。外地にはいたるところで道場が設立され、武道師範が内地から招聘された。京都の武徳祭大演武会には早くから外地選手の参加が見られる。

ＹＭＣＡ（キリスト教青年会）もまた独自のネットワークをもっていた。帝国日本のスポーツとは、こうしたさまざまなネットワークが重なり合ったものだと理解することができる。ただそれは万人に開かれていたわけではない。それを最も享受できたのは、エリートの日本人男性だったろう。内地を拠点とする日本人男性アスリートは、内地や欧米だけでなく、外地でも活動していた。それ以外の人々の前には、民族、階級、ジェンダーの厚い壁が立ちはだかっていた。にもかかわらず、台湾人女性の林月雲《りんげつうん》《リンユエユン》（28）のように、たぐいまれな才能でこの壁を突き破り、活躍する人たちがいたことは強調しておかねばならないだろう。

ネットワークの変遷

ネットワークの時期的な変化を見てみよう。本書に収録した人物の多くが一九〇〇年代生まれなのは決して偶然ではない。彼らの活躍の時期は一九二〇年代から一九三〇年代であったが、それはまさに外地でスポーツが発展し、帝国日本内で盛んな交流が行われた時期であった。

内地では早くも一八七〇年代に野球が紹介され、学生の間に広まっていった。一九一五年に「甲子園」大会が創設されるが、外地の参加は見られなかった。外地チームの参加は一九二〇年代に入ってからで、一九二一年に満洲と朝鮮が、その二年後に台湾が初参加を果たした。陸上競技は一九一二年にストックホルム五輪に参加したが、その予選に外地勢の姿は見られなかった。全日本予選に外地勢が参加するのは、一九二一年の極東大会予選が最初である。このとき、朝鮮と台湾から選手が派遣され、台湾の選手二名が日本代表に選ばれている。二年後の極東大会予選からは満洲からも選手を派遣するようになった。内務省が一九二四年に創設した明治神宮大会には、第一回から満洲、朝鮮、台湾の代表が参加している。

外地チームの派遣は、競技団体の設立によって可能となった。朝鮮体育協会（一九一九年）、朝鮮体育会（一九二〇年）、台湾体育協会（一九二〇年）、満洲体育協会（一九二二年）が相次いで設立された。朝鮮の三・一独立運動の余波で植民地統治の方針が変わり、一九二二年の第二次朝鮮教育令、第二次台湾教育令で教育機会が広がるなどして、朝鮮人、台湾人の間でスポーツの普及が進んだ。朝鮮人、台湾人選手の活躍は一九三〇年代に入ってから顕著になる。孫基禎と張星賢はその最たる例であろう。

長引く戦争は、帝国日本内の移動を徐々に制限していった。そんななかにあっても、いやむしろそのような状況だったからこそ、「国際」的なスポーツイベントが要請された。帝国日本を盟主とする地域ブロックの団結と健在を示す必要があったからである。一九四〇年に東京五輪の代替イベントとして開かれた東亜大会には、日本、満洲国、中華民国、フィリピン、ハワイ、蒙古から約七〇〇名の選手が参加した。一九四二年にはその第二回大会が満洲国の首都新京で開かれ、日本、中華、蒙古、満洲国から約七〇〇名の選手が参加した。この大会は戦前・戦中の東アジアにおける最後の国際競技会となった。

戦後、帝国日本は解体し、外地の日本人は内地に引き揚げた。彼らは外地での経験を活かして、戦後日本のスポーツ発展に貢献した。朝鮮と台湾では、植民地時代のスポーツ選手たちが、それぞれの国でスポーツの発展を支えた。ただ、彼らには対日協力という問題がつきまとい、その才能と経験が必ずしも充分に発揮できたわけではない。それは、本書で取り上げた朝鮮人、台湾人選手の戦後を見れば一目瞭然である。帝国日本の戦後の遺産は、今後探究すべき重要な課題の一つとして、我々の前にある。

内地だけではなく、外地を含めた帝国日本という視点で日本のスポーツを捉えなおすことで、なにが見えてくるのか。本書はその試みの最初のささやかな一歩であり、現時点では、この問いに明確に答えることはできない。帝国日本内の頻繁な移動、接触、交渉から見て、内地と外地のスポーツがそれぞれに影響を及ぼし合っていたと考えるのが妥当であろう。そのなかでスポーツそのものが変化し、独自の発展を遂げた可能性もある。日本的と考えられている武道に外地の影響を見いだすことができるかもしれない。さらに東アジアにまで視野を広げたり、西洋の帝国主義と比較したりと、ここからさまざまな研究を展開できるだろう。

（高嶋航）

第一部　満洲

1　中村是公〔なかむらこれきみ〕

一九〇九年九月六日、夏目漱石は満洲の大連港に降り立った。一高時代からの親友で満鉄第二代総裁の中村是公に誘われての旅だった。その旅行記『満韓ところどころ』は「南満鉄道会社っていったい何をするんだい」と漱石が是公に尋ねる場面から始まる。日露戦争が終わってちょうど四年、満鉄が創業して三年足らず、漱石ですら満鉄について大した知識をもっていなかった。だからこそ、是公は漱石を招待し、彼の筆を通じて満鉄を宣伝しようとしたのだ。

是公は不在だった。漱石がいつ到着するかを知らせていなかったからである。米軍艦隊歓迎のため、ベースボールを見に行っているかもしれないという話だった。しばらくして是公が戻ってくると、「ベースボールを観て、それから舟を漕いでいた」と漱石に告げる。このエピソードは、大連でいかに野球が盛んだったかを説明する際に使われることがあるが、それは正しくない。大連では前年の春に最初の野球チーム若葉会が結成されたばかりで、米軍艦隊との試合は大連最初の対外試合であった。大連の人たちにとって、野球はまだ珍しいものだった。

大学予備門予科（一高の前身）にベースボール部ができたのは、是公が入学した年（一八八四年）である。是公が一高時代に野球を見たことがあるかどうかはわからない。当時流行っていたのはボートとテニスで、是公も隅田川で汗を流したのだろう。漱石が満洲からの帰りに朝鮮の京城に滞在していたとき、是公は第一回満鉄競漕会に出場していた。是公は整調で平岡寅之助（一八七八年に日本で最初の社会人野球チーム新橋アスレチック倶楽部を結成した平岡凞《ひらおかひろし》の弟）が舵手を務め、クルーは満鉄の理事や課長らだった。

草創期の満鉄の重役はみな若く元気だった。そして、学生時代のノリで校友会ならぬ満鉄運動会を作ってしまった。まだ企業スポーツなどという考え方のない時代である。一九一〇年九月に結成された満鉄運動会は、漕艇部、陸上競技部、柔道部、剣道部、弓術部、野球部、庭球部などで構成され、是公が会長に就任した。満鉄運動会が中心になって開催した「満鉄運動会」は大連の年中行事として定着することになる。

是公以上にスポーツに肩入れしたのは副総裁国沢新兵衛だった（のち満鉄理事長（総裁にあたる））。一九〇八年一月に設立された大連スケーチング倶楽部の中心人物が国沢だった。国沢はスケートのほかにも水泳、ゴルフ、ボート、馬術、テニスなどを楽しみ、柔道にも熱心だった。満鉄運動会副会長、水泳倶楽部会長、星ケ浦ゴルフ倶楽部会長などを務めて満鉄社員のスポーツを振興した。

国沢の後、積極的にスポーツに取り組む総裁は現れなかったが、理事にはスポーツ愛好者がたくさんいた。その筆頭は片山義勝で、野球にスケートにテニスに活躍した（図1）。大連を離れる際には、片山優勝球を寄贈していった。

松岡洋右《まつおかようすけ》は自らゴルフを楽しんだだけでなく、スポーツ奨励にも務めた。一九二四年に早大競走部が来満した際、松岡は優勝杯を寄贈した。副社長となった一九二七年、第一回都市対抗野球大会が東京で開催され、大連から満倶が参加すると、松岡は激務の合間をぬって応援に駆けつけた。一九三〇年に満鉄を退職し、衆議院議員に選出されるが、一九三二年に元満鉄総裁山本条太郎との連名で、満鉄社員の運動奨励のため満鉄運動会に一〇〇〇円を寄附している。一九三五年に総裁として満鉄に復帰した松岡は、「体を丈夫にして大いに働け」と満鉄社員を鼓舞し、一九三六年九月に開かれた外地都市対抗野球大会に松岡満鉄総裁杯を寄贈するなど、スポーツへの支援を続けた。

図1　初冬のグラウンドで打席に立つ片山義勝理事（『満洲日日新聞』1920年11月29日）

一九三〇年代に満鉄は満鉄運動会に八万円近い補助をしていた。満鉄のスポーツ奨励には、当初から「社務の振興」という功利的な目的があった。慣れない外地で働く社員は、スポーツを通じて精神的にも肉体的にも健康を保つことができた。このことは、おそらく満鉄草創期の重役たちが自ら経験したことだった。そして、満洲のスポーツは、満鉄社員が中心となって飛躍的発展を見ることになる。

（高嶋航）

参考文献

澤野雅彦『企業スポーツの栄光と挫折』青弓社、二〇〇五年

2　河本大作〔こうもとだいさく〕

帝国陸軍は関東軍、朝鮮軍、台湾軍として外地にも展開していた。また帝国海軍も外地に拠点を設け、その艦隊は頻繁に外地を訪れていた。軍人は外地武道界の一翼を担っていたが、スポーツ界にも貢献したことはあまり知られていない。ここでは、満洲に焦点をあて、河本大作ら軍人と野球の関係を見ていきたい。

山田中学の沢山松緑《さわやましょうろく》は一九一五年の第一回「甲子園」大会に四番ショートで出場した。陸軍士官学校を経て、歩兵第三四連隊に配属され、一九二一年に同連隊の一員として満洲の鉄嶺に移駐した。翌年四月に内地に帰還するにあたって、鉄嶺「野球界の将」たる沢山中尉の送別野球試合が開かれた。一九二三年に沢山は台湾歩兵第一連隊に転じ、台北の大正プロ団という民間人チームで野球をした。

姫路の歩兵第三九連隊はスポーツが盛んだったことから、スポーツ連隊として名を馳せていた。

同連隊でスポーツを指揮していたのは市川洋造だった。歩兵第三九連隊は一九二五年に満洲の遼陽に移駐した。市川は遼陽到着後一週間足らずの間に連隊野球チームを編成し、地元の民間人チームと対戦した。また市川は日本学童野球選手権大会委員を務めていた関係で、奉天の第二小学校が同大会に参加するのを斡旋した。市川が帰還する際には、送別のクロスカントリーレースが開かれた。

軍隊では帝国日本規模で人事異動がなされ、スポーツもそれに伴って移動した。職業軍人の異動のほかに、徴兵による移動も重要である。谷口五郎（9）や浜崎真二（8）のように、外地で活躍する選手たちが、内地の部隊に入り、スポーツに関わった。朝鮮羅南の歩兵第七六連隊にいたある陸軍少尉は、「軍隊に行けば好きな野球テニスが出来ない等と云ふ思想は過去思想です。野球、フツトボール、テニス、槍擲、砲丸、円盤其他トラックフイールト何でも出来ます。軍隊も進みつ、ありますから国民の対軍隊観も停止して居ては不合理です」とさえ言っている。

旅順の関東軍司令部には野球チームがあり、一九二〇年代を通じて全旅順野球大会に出場していた。一九三一年七月末の全旅順スポンヂ野球大会で関東軍司令部は準決勝まで進出した。同年九月七日の全旅順野球大会に関東軍はエントリーしていたが、棄権した。満洲事変が勃発したのは、それから一一日後のことだった。

歴代の関東軍司令官はスポーツのよき支援者だった。本庄繁は野球の優勝旗を、菱刈隆は陸上競技の優勝杯を寄贈している。関東軍司令部が新京に移ってからも、スポーツ界との関係は続いた。一九三三年には関東軍参謀長小磯国昭や満洲国軍政部最高顧問多田駿が始球式でマウンドに立っている。一九三八年に関東軍参謀チームは、巡業で新京を訪れた前田山率いる力士チームと対戦した（図2）。二年後に新京を訪れた前田山は、再び関東軍と対戦、この時は関東軍報道班長長谷川宇一が始球式を務めた。両軍最後の対戦は一九四三年七月である。内地では軍の圧力で野球への批判が高まっていたが、満洲では軍が率先して野球に取り組み、その様子が大々的に報道されていたのである。結果は一二対九で関東軍に軍配が上がった。

関東軍参謀だった河本大作は一九二八年の張作霖《ちょうさくりん》《チャンツォリン》爆殺事件の責任を問われ予備役に編入されるが、満洲事変後に満洲に舞い戻り、満鉄理事に就任していた。一九三三年の実満戦で始球式を行っ

戦はお手のもの
前田山チームとの野球珍試合
關東軍あつさり勝つ

図2　大相撲前田山チームと対戦した関東軍チームのベンチの様子（『満洲日日新聞』1938年8月8日）

た河本は、「僕の野球は古いもんで幼年学校時代に仲間を集めてやつたもんだ、隊附となつてからも到るところで野球チームを作つて歩いたが、ことに第十四連隊長時代に作つた連隊チームなんか当時北九州を風靡したもんだよ……大連へ来るようになつて第一の楽しみは野球見物が出来ることで、もうネット裏に四つ席を取つてゐるよ」と語っている。のち新京に移った河本は、新京野球倶楽部の理事（のち名誉会長）として、新京野球界の発展を支えた。

河本は冬になるとスケートを楽しんだ。八の字を描いたり、ダンスをしたり、飛行機の型で滑べったりしたというから、フィギュアスケートが得意だったのだろう。大連の神明高女に通っていた娘の清子のフィギュアスケートは本格的で、一九三八年の大連フィギュアスケート選手権大会女子の部で優勝している。

（高嶋航）

参考文献

桑田冨三子『「張作霖を殺した男」の実像』文藝春秋社、二〇一九年

高嶋航『軍隊とスポーツの近代』青弓社、二〇一五年

満洲スポーツの父

3　岡部平太〔おかべへいた〕

満洲へ

一八九一年、玄界灘に面した漁村で岡部平太は生まれた。福岡師範学校を卒業し、久留米の小学校に勤めていた岡部は、得意の柔道を活かすべく東京高師体操専修科への進学を決断する。上京した岡部は講道館に入門し、東京高師校長でもあり講道館館長でもある嘉納治五郎のもとで柔道の才能を花咲かせ、東都学生柔道界の第一人者となった。

一九一七年夏、岡部はアメリカ留学に旅立つ。岡部の柔道の才能を見込んだ神戸の船成金内田信《うちだのぶ》也《や》が費用を工面した。岡部はシカゴ大学、ペンシルバニア大学、ハーバード大学で体育やコーチの理論を学んだだけでなく、アメリカンフットボールやボクシングなどさまざまなスポーツに挑戦した（図3－1）。

図3－1　アメリカ留学時代の岡部
（著者蔵）

　二年半の留学生活を終えて東京に戻った岡部は母校東京高師の講師となった。また嘉納が会長を務める大日本体育協会の運営にも携わった。一九二一年四月、内田信也からの寄附をもとに設立された水戸高等学校の講師となる。岡部はさっそく生徒らと一緒に運動場を整備し、そこに日本で最初の四〇〇Mトラックを作った。しかし、半年足らずで、岡部は満洲へ去った。柔道や体育に関して、嘉納治五郎や水戸高校校長と意見が合わなかったことが原因だった。嘉納は日本の教育界、スポーツ界に君臨する存在であり、岡部は内地に居場所がなくなったと感じたのだ。

　なぜ満洲だったかというと、高師時代の親友四角誠一《しかくせいいち》が奉天中学に勤めていたからである。四角のほかにも、高師体育専修科の同期だった苗村茂、水野谷初美、茂木定株、島田秀誓らが大連で教育に携わっていた。満洲では一九一〇年代末から次々と中学校が設立され、東京高師の卒業生らが教師として赴任していた。岡部は満鉄本社に連れて行かれ、人事課慰藉係（のち社会課体育係）に配属された。

　当時の満洲で盛んなスポーツといえば、野球、テニス、武道くらいのものであった。運動の権威としてやってきた岡部もまずはこれらの競技で活躍した。内地のスポーツ界は大学、専門学校の学生が主力だったが、高等教育機関の少ない満洲では社会人が主力であり、岡部にも活躍の余地は十分にあった。

朝鮮、台湾ではすでに体育協会が設立されていたが、満洲はまだだった。大日本体育協会の運営に関わったことのある岡部はその重要性をよく認識していた。岡部の奔走で、一九二二年夏に全満競技連合（のち満洲体育協会）が結成された。全満競技連合の最初の事業は、水泳と陸上競技の全満選手権開催であった。この大会で選抜された選手は、翌年春に極東大会の全日本予選に派遣された。このとき岡部は二人の女子水泳選手を引率した。岡部はかねてより女子スポーツ振興を唱えており、それは全満競技連合の方針の一つとなった。

満洲から世界に挑戦する

一九二三年の年末より翌年九月にかけて、岡部は満鉄より欧米出張を命ぜられた。アメリカからヨーロッパに渡り、一九二四年五月にパリに到着、そのまま同地にとどまり、パリ五輪を視察した。岡部はこの機会に日本が国際陸上競技連盟に加盟すべきだと考え、大日本体育協会の岸清一会長に対して、日本陸上競技連盟を組織して加盟するよう勧めたが、岸は大日本体育協会の名において加盟するといって譲らなかった。らちがあかないとみた岡部は日本陸上競技連盟の名で加盟の申請をした。すると、体協側も加盟を申請し、国際陸連は体協を正式の加盟団体として承認した。この一件で、岡部と体協、特に岸会長との対立が決定的になった。

一九二五年五月、第七回極東大会がマニラで開かれた。日本の陸上競技総監督に岡部が選ばれたことは、体協支持派と反対派の和解を示すメッセージでもあった。陸上競技ではフィリピンの審判の不正が続いた。大会三日目、ついに不正に耐えかねた岡部は、フィールド主将の織田幹雄とトラック主将の谷三三五《たにさざご》の意思を確認したうえで、選手に引き上げを命じた。日本の役員は国際親善を掲げて競技への復帰を呼びかけたが、岡部らはスポーツの純潔を守るとしてこの要請に応じなかった。日本選手団長岸清一は岡部ら一三名を首謀者とみなし、体協から除名した。岡部はその後これらの選手を次々と満洲に呼び寄せ、満洲に陸上競技の黄金時代をもたらした。

一九二八年の御大典奉祝事業として、関東庁は東洋オリンピックを開催しようと考えた。相談を受けた岡部は、ただちにフランスとの対抗競技を提案した。岡部がフランスを相手に選んだのは、ちょうど日本と実力的に拮抗すると考えたからである。この案は関東庁と満鉄の承認を得て、日本の外務省を通じてフランス側に示された。フランス側も乗り気で、さっそく承諾の旨を通知してきた。ところが、岸清一は国際競技の代表権をもつ大日本体育協会を通さずに話を進めたことに激怒し、フランス側に直接抗議の電報を送りつけた。満鉄東京支社や外務省の取りなしで事なきをえたが、岸との確執は依然尾を引いていた。

岡部は、国際的水準に達した満洲のスポーツ界が体協に「支配」されることに我慢ならなかった。そこで、満洲から直接世界に挑戦し、それによって満洲から日本のスポーツ界を刺激し変革していこうと考えた。スケートはこの岡部の理想を実現するうえで最適の競技だった。なぜなら、スケートの実力は満洲が内地を圧倒していたからである。一九二九年、全日本氷上選手権が満洲の安東で開催された。この大会で圧勝した満洲医科大学アイスホッケー部は、岡部の助言で、ヨーロッパ遠征を敢行した。成績は芳しくなかったものの、遠征メンバーはその後の日本アイスホッケー界の中核を担うことになる。一九三一年一月、満洲体育協会はスピードスケートの選手三名をヨーロッパに派遣した。岡部は監督として参加した。世界選手権で木谷徳雄選手が総合一一位に入り、五〇〇Mでは全員が一〇位以内に入った。一九三二年のレークプラシッド冬季五輪は岡部が監督として日本チームを率いることになっていた。しかし、その数カ月前に勃発した満洲事変のために、岡部はオリンピックへの参加を断念せざるをえなくなる。話の発端は日仏対抗に遡る。

国家主義スポーツの提唱と実践

日仏対抗の一カ月前、東三省（中国東北地方）の支配者たる張学良《ちょうがくりょう》《チャンシュエリャン》が、大会に参加する日仏両国の選手を奉天に招いて同種の競技会を開催したいと日本側に申し出た。父の張作霖《ちょうさくりん》《チャンツォリン》が関東軍に爆殺されてまだ三カ月しか経っていなかった。張はどのような意図で日本人選手を招待したのか。

もちろん、張は心から日本と親善を深めたいと考えていたわけではない。それは、一九二八年一二月に日本側の反対を押し切って、蔣介石《しょうかいせき》《ジャンジェシー》率いる南京国民政府への合流（易幟《えきし》）を断行したことからも明らかである。ただ、張には日本と全面的に抵抗するだけの力がなかった。そこで、抵抗と親善を同時に進め、その間に実力を養成するという戦略をとった。スポーツは、この戦略において、親善の有効な手段と認識されていた。一方、日本側は満洲における中国ナショナリズムの高まりに危機感を抱いていた。岡部はスポーツの交流を通じて、中国人の反日感情を少しでも抑えることができるのではないかと考えていた。

満洲における日中間の対立はついに満洲事変を引き起こした。関東軍が逮捕した中国人有力者のなかに馮庸《ふうよう》《フォンヨン》という人物がいた。馮庸大学創設者でスポーツマンでもあった馮庸は、岡部と親しく付き合っていた。馮庸逮捕の報に接した岡部は関東軍を説得し、馮を釈放してもらった。しばらく岡部の自宅にいた馮庸は、海外遊歴の希望を岡部に伝えた。岡部が馮を送り出してすぐに、馮は北京に行って抗日運動に身を投じた。これに激怒した関東軍は岡部を逮捕した。岡部は「三年間監視附」の条件で釈放されたが、満鉄辞職を余儀なくされた。岡部という中心人物を失った満洲スポーツ界は、内地を凌駕せんとする気迫を失い、内地の優等生としての地位に甘んじることになる。

一九三四年正月、岡部は「〝満洲体育〟改造論」を発表し、体育を国策に利用するのは適当な手段であるとして、国家主義スポーツを提唱した。ほどなくして、岡部は極東大会への満洲国参加を求める運動に着手した(満洲国は一九三二年のロサンゼルス五輪に代表を派遣しようとして失敗していた)。満洲国体育協会もこの運動に加わった。岡部は東京に行き、政治家、軍人、右翼団体と接触し、世論の喚起に努めた。しかし、中国が反対する限り、満洲国の参加は見込めない。満洲国の参加が絶望的になると、岡部らは大日本体育協会に極東大会不参加を呼びかけた。しかし大日本体育協会はあくまで参加を主張した。満洲国体育協会は大日本体育協会に絶縁状をつきつけた。マニラで開かれた極東大会の総会は満洲国参加問題をめぐって決裂し、極東大会は解散した。

かつて岡部は、純粋なスポーツこそ価値あるものであり、スポーツを政治外交の道具にしてはならないと語っていた。しかるにこのときの岡部は、国家がスポーツを利用し、スポーツが政治外交に奉仕することは当然だと主張していた。中国人との交流は、岡部のスポーツ観を大きく変えたのだ。

極東大会参加問題で満洲国のため尽力した岡部は、一九三四年七月に満洲国体育協会嘱託となった。満洲国体育協会は改組の最中で、岡部は理事長に就任するとの報道もあった。しかし、日本との対決姿勢を崩さない岡部は、改組後の組織の首脳陣から外れた。新組織は大日本体育協会との協調路線を選択し、日満間のスポーツ交流を再開した。

岡部は活躍の場を移すことにした。一九三五年一〇月、岡部は関東軍から「異数の抜擢」を受け、天津の特務機関で活動することになった。それはスポーツとは全く関係のない行政の仕事だったが、どうやら岡部の肌には合わなかったようで、二カ月あまりで岡部は華北の中国人青年学生に対する工作に転じた。具体的には、スポーツを通じて日中間の交流を促進し、中国人学生の排日思想を抑制することが新たな任務だった（図3-2）。

図3－2　天津で中国人学生と（著者蔵）

失意の帰国

東京五輪で日本の陸上競技はメダルを一つも取れないのではないか——こう心配した岡部は日本代表のコーチ就任を受諾した。一九三八年七月、天津を引き払い、東京に向かう途中、岡部は東京五輪の中止を知る。東京に行ってはみたが、なにもすることがない。二カ月ばかりで中国に戻り、再び「軍務」に携わることになる。

華北では「政府と表裏一体の民衆団体」である中華民国新民会が北支那方面軍の主導で設立されていた。新民会の主たる活動の一つが中国人青年の組織化であった。新民会には体育協会が設けられ、岡部はその顧問となった。岡部はまた、一九三九年九月の日満華交驩競技大会に出場する中華陸上競技チームのコーチを依頼された。中華代表の総監督として参加したこの大会は、岡部にとって、「東亜青年の堅き結合を築」きえたという点で、他のなににもまして「東亜新秩序」を体現したものであった。

文化面から日中提携を促進しようという岡部の考え方は、岡部が師と仰いだ石原莞爾の唱える東亜連盟運動に通じるものがあった。

一九四〇年六月、幻の東京五輪に代わるイベントとして、東京と関西で東亜大会が開かれた。岡部は中華チームの強化に関わり、大会にも参加した。しかし、そこで味わったのは失望であった。「体育はグラウンドのごく一部分で動いているだけでその青年に及ぼす絶大な価値については現在政治の上にも、行政機構の上にも少しも取り上げられていない」。体育によって政治を動かそうとした岡部だが、体育では政治を動かせないことを痛感した。岡部は次第に活動の中心を学術研究に移し、博士論文の執筆に没頭するようになる。

一九四三年一二月、台北帝大に在学していた息子の平一が海軍に入った。学徒出陣である。一九四五年二月、平一は神風特攻隊員に志願し、四月に沖縄で戦死した。六月、二〇年以上にわたる大陸生活に終止符を打ち、岡部は故郷に戻った。

戦後の岡部

故郷で農業に従事していた岡部が再びスポーツ界の表舞台に姿を現すのは一九四七年のことだった。翌年に開催される第三回国民体育大会の福岡招致を任され、福岡国体を実現した。一九五〇年には金栗《かなくり》四三《しそう》らとオリンピック・マラソンに優勝する会を結成、マラソン選手の育成に努めた。翌年、監督として参加したボストンマラソンで、田中茂樹を優勝させた。一九五二年に福岡学芸大学講師となり、学術研究を再開、一九六一年に論文「年齢別にみた水泳のエネルギー代謝」を久留米大学に提出し、医学博士号を授与された。同じ年、東京五輪の陸上競技選手強化本部強化コーチを委嘱される。再び東京五輪でコーチの機会を与えられた岡部は、エチオピアのアベベ選手に注目し、自らエチオピアに足を運び、高地トレーニングの必要性を訴えたが、関係者の理解を得ることができなかった。東京五輪の一年前、岡部は脳溢血で倒れ、またしても東京五輪参加を逃した。一九六六年一一月六日没。

（高嶋航）

参考文献

高嶋航「戦争・国家・スポーツ：岡部平太の「転向」を通して」『史林』九三巻一号、二〇一〇年
高嶋航『帝国日本とスポーツ』塙書房、二〇一二年
高嶋航『国家とスポーツ：岡部平太と満洲の夢』ＫＡＤＯＫＡＷＡ、二〇二〇年

4　星野直樹〔ほしのなおき〕

満洲国政府の官僚にはスポーツ愛好者が少なからずいた。彼らは野球、ラグビー、サッカー、バレーボールなどのチームを編成し、政府各部門同士のみならず、民間チームとも対戦した。満洲国では体育協会すら政府機関であって、文字通り政府が率先してスポーツを奨励していた。満洲の新聞にはしばしば「政府軍」の活躍が報じられるが、これは内地では考えられないことだろう。

スポーツ熱は、日本人官僚のみならず、中国人官僚にも広まっていた。政府のサッカーチームやバスケットボールチームは中国人（当時、満人と呼ばれた）が主力だった。国務総理張景恵《ちょうけいけい／チャンチンホイ》は自宅にバレーボールコートをこしらえ、小中学生を招いてバレーボール大会を開くほど熱心だった。ここではそんなスポーツ好きの満洲国官僚から、星野直樹、古海忠之《ふるみただゆき》、難波経一《なんばつねかず》の三人を紹介したい。

満洲国を説明する際、しばしば「弐キ参スケ」という言葉が使われる。「弐キ」は東条英機《き》と星野直樹《き》、「参スケ」は鮎川義介《すけ》、岸信介《すけ》、松岡洋右《すけ》で、いずれも満洲国の軍事、政治、経済の各方

図4　記者団チームとの対戦で打席に立つ星野直樹総務長官（『新京日日新聞』1940年7月23日）

面に大きな力を振るった人たちである。

満洲国建国直後、大蔵省の官僚だった星野は古海とともに満洲国に派遣された。財政部次長、国務院総務庁長を経て、一九三七年に官僚機構の頂点である国務院総務長官に就任した。一九四〇年に帰国して企画院総裁となるまでの七年間、星野は満洲国の首都新京でスポーツライフを楽しんだ。

星野が熱中したのは野球だった。一九三三年五月に満洲国政府関係者が野球部を結成すると、星野は幹事長に就任、二塁手としても活躍した。国務院が主催した院内対抗野球戦には一番バッターで出場し、ホームランを放っている。総務長官となってからは、重要な野球試合が行われるたびに、始球式のマウンドに立った。

一九四〇年三月三一日、星野長官チーム対記者団の野球戦が開かれた（図4）。建国大学に通う長男正一が投手を務め、長官は二塁、他の二人の息子がショートとセンターを守り、星野夫人と令嬢がベンチで応援した。一家を総動員しての試合は、星野長官チームに軍配が上がった。

冬は一家でスケートを楽しんだ。総務長官公館の庭にスケート場を作り、毎朝八時から出勤までの時間を氷上で過ごした。そんな星野はスポーツマンから「我らの親爺」と親しまれていた。

一九三九年、内地ではスポーツ界の選手制度に厳しい批判が向けられていた時期に、星野はある座談会で、国民体位増進のためにはチャンピオンが必要で、「所謂チャンピオン式の競技といふものは少しも遠慮することなくどん〳〵奨励することがいゝと思つてゐる」と語っていた。満洲国はこんな人物が官僚のトップにいる国であった。スポーツが盛んにならないほうがおかしい。

古海忠之は筋金入りのスポーツマンで、京都一中時代には第三回「甲子園」大会に控え選手として出場、三高では野球部主将を務めた。東京帝大に進んでも野球を続け、ラグビー選手としても活躍した。チームメイトには難波経一がいた。一九二四年、その難波と同期で大蔵省に入った。一九三二年、古海は星野とともに満洲国入りし、難波もそれに続いて満洲国にやってきた。

一九三三年九月、古海と難波の尽力で、満洲国ラグビーチームが結成され、難波が主将に就き、古海も選手として活躍した。難波は大満洲帝国体育連盟理事として、満洲国のスポーツ行政にも貢献した。一方、古海は野球の方面で活躍し、大満洲帝国野球協会理事長を務めたほか、満洲国野球チームの監督として一九三五年に内地へ遠征した（同チームは一九三七年の都市対抗野球大会に出場し準決勝に進出している）。一九三六年夏の第一回建国記念野球大会で、古海は主催者の代表として開会の辞を述べたが、その後に行われた始球式では、文教部大臣阮《げん》振《しん》鐸《たく》《ルワンジェンドゥオ》が投手、満鉄理事河本大作（2）が捕手、財政部次長星野直樹が打者を務めている。

古海は先述の座談会で、「団体行動を前提とする体育スポーツは自ら民族性を超越し、共同の意識感情精神に集中統一されて行くので民族協和の上から云つてゐ、結果になつてゐる」と満洲国におけるスポーツの意義を語っている。

一九四一年一一月から満洲国滅亡まで、古海は総務庁次長として、満洲国の政治の中枢を担った。敗戦時に新京でソ連軍に逮捕され、シベリアに抑留、さらに中国で禁錮刑に服し、一九六三年によ うやく帰国した。

（高嶋航）

5 中沢不二雄〔なかざわふじお〕

明大での活躍

一八九二年、滋賀県に生まれる。野球は小学校から始め、神戸中学校では一年生から選手となった。一九〇九年に荏原中学校に転校。四年生で主将となり、当時関東の中学校で最強だった慶応普通部と戦って、延長戦まで持ち込んだ。一九一二年に明大に入学。明大野球部は一九一〇年に創部されたばかりということもあり、中沢は一年生ながら遊撃手に抜擢された（図5）。

一九一三年二月、明大はマニラの第一回極東大会に参加した。初の海外遠征であった。前年にマニラに遠征した早大はマニラの各チームを相手に二勝三敗と苦戦を強いられていた。その早大より弱い明大が来たとのことで、マニラの邦人はがっかりしたが、練習熱心な様子を見て応援団が結成

図5　明大時代の中沢（駿台倶楽部明治大学野球部史編集委員会編『明治大学野球部史』1巻、駿台倶楽部、1974年）

された。「列国人環視」のもとで挙行された開会式に、中沢は「男に生れた誇りと喜び」を感じた。明大はフィリピン軍を六対〇、六対二で破り、見事選手権を獲得した。

　一九一四年夏にはアメリカ遠征に出かけた。一一五日間の日程で二六勝二八敗二分の成績だった。早慶明の三大学によるリーグ（六大学リーグの前身）が発足したのはその年の秋である。中沢にとって明大最後の年となる一九一五年、明大野球部はハワイ遠征の際に五人の選手が公然と芸者を買ったことが問題となり、一時休部に追い込まれる。中沢も退部を余儀なくされた。

　一九一六年三月、明大を卒業した中沢は東洋汽船に入社した。学生時代の遠征でよほど船が気に入ったのだろう、船客係は性に合って楽しかったと語っている。春洋丸には野球チームがあり、中沢はそのキャプテンを務めた。東洋汽船で三年間働いたあと、横浜の東西貿易会社で営業部主任を務め、一九二一年に独立して雑貨商金港商会を作った。横浜時代には、全横浜の選手、全関東、駿台倶楽部のキャプテンを務めた。

　この間、一年志願兵として近衛第三歩兵連隊に入った。中沢は「まさか軍隊には野球があるまい」と思っていたところ、すでに「近歩三チーム」が存在していた。中沢が主将を務め、後輩の小西得郎がサードを守った。

一九二二年、中沢は奇術師天勝一座の野球団に入った。この野球団は一座の宣伝のため前年二月に結成された。天勝の実弟が慶大生で、慶大エースの小野三千麿《おのみちまろ》を介して、次々と有力大学出身の選手を入団させた。天勝は一九二三年に満鮮巡業を行い、同行した野球団は二〇勝一敗と圧巻の成績をおさめた。ただ、四月というのは満洲では野球シーズンが開幕したばかりで、満洲側チームのコンディションはよくなかった。中沢は一番セカンドで出場した。飛ぶ鳥を落とす勢いだった天勝だが、関東大震災で解散を余儀なくされた。

満倶に入る

中沢が大連に現れたのは、その年の一二月のことであった。満鉄消費組合に入社し、宣伝業務を担当した。翌年春から中沢は満倶の選手となった。中沢はすでに三一歳だったが、当時の満倶選手はベテランが多く、平均年齢は二八歳を超えていた。

一九二五年、第七回極東大会がマニラで開かれ、満倶が日本代表として参加することになった。中沢にとっては二度目の極東大会、そして二度目のマニラだった。しかし、今回はフィリピン軍に二連敗した。満倶は帰連後の大連実業団（以下、実業）との実満戦（満洲の早慶戦とも呼ばれた）でも実業に三年ぶりの負け越しを喫している。さらに満倶は翌年の実満戦も負け越した。中沢は決勝戦で致命的なエラーをしてしまい、「やはり三五歳」と野次られた。中沢は満倶の現役を引退する決意をした（職場の消費組合では一九二八年五月まで現役を続けた）。

一九二七年、中沢は満倶の監督に就任した。満倶は五人の投手を擁し、その戦力は近年にないほどの充実ぶりであった。満倶のエースは、旅順中学から早大を経て満鉄に入った児玉政雄だった。児玉は谷口五郎（9）との投手戦を制し、満倶は三年ぶりに実満戦に勝ち越し、第一回都市対抗野球大会への切符を手にした。本戦で満倶は、京城、名古屋、札幌、大阪を下して初代王座についた。決勝戦には満鉄副社長就任が決まったばかりの松岡洋右も駆けつけた。中沢監督は閉会式で「黒獅子旗、海を渡るとも悲しむなかれ……遼東半島の一角にへんぽんとひるがえる黒獅子旗を見て、わが同胞二十万は如何ばかり士気を鼓舞することか」と語り、優勝旗を大連へと持ち帰った。

一九二九年六月、実満戦が一〇回目となったことを記念して、満洲球界の功労者が表彰されることとなり、実業から福山尋、満倶から中沢が選ばれた。表彰の理由は、内地球界との接近に努めたこと、優秀な選手の来連に尽力したこと、文筆で満洲球界の宣伝紹介に努めたこと、大連の選手の明大入学を斡旋したこと、多数の選手の指導に努めたことであった。中沢は毎年のように内地にでかけて有力選手を満洲に連れてきた。そのなかには、天勝時代の豪腕投手青山金太郎、明大の後輩永沢武夫、そして慶大エースの浜崎真二（8）らがいた。一九二〇年代後半、満洲は野球選手にとって未知の土地ではなくなっていた。満洲には毎年たくさんの野球チームが遠征に訪れた。また、都市対抗野球大会での大連勢の活躍は、満洲を野球選手にとって魅力ある土地に変えた。そして、満鉄にはこうした選手を受け入れる余裕が十分にあった。

しかし、この好循環は長続きしなかった。都市対抗野球大会の隆盛は、内地の社会人野球熱を刺激し、内地でも大学卒業後に野球を続ける環境が整い始めた。一九三〇年秋に中沢は「今後は好い選手は大抵東京にとられてしまふでせう」と危機感を抱いていた。これに追い打ちをかけたのが、経済不況とプロ野球の設立である。満洲から次々と有力選手が流出した。

大連を離れる

一九三四年、中沢は東京支社に転勤となった。東京でも、都市対抗野球大会顧問、六大学リーグ理事、選抜中等野球の最高委員兼選考委員として野球に深く関わった。一九三九年四月に満鉄副参事となり満洲に戻るが、翌年六月満洲日日新聞社東京支社長に転出、再び東京勤務となった。この年の夏、日本野球連盟は満洲リーグを実施した。プロ野球全九球団が参加し、一カ月にわたって満洲各地を転戦した。連盟理事の鈴木龍二は、事前に中沢に相談したところ、中沢は反対したという。鈴木は中沢がアマチュア球界の顔役だったからとするが、満倶監督時代に選手を引き抜かれた経験が尾を引いていたのかもしれない。実際、撫順満倶のエース川崎徳次らが満洲リーグを機にプロ野球入りした。

一九四三年、中沢は満洲日日新聞社理事となって新京に戻り、同地で終戦を迎えた。一九四六年春、中沢のところに野球選手が訪ねてきた。彼らは生活資金を稼ぐため野球の試合をやりたいので、委員長として企画実施にあたってほしいと中沢に訴えた。用具の準備からチームの編成、大会開催の許可申請にいたるまで、中沢が一手に引き受けた。中沢は試合を企画するだけでなく、マイクを片手に、試合の実況や解説もした。この経験はのちに大いに役立つことになる。

戦後は野球解説者として活躍、新聞雑誌、ラジオ、テレビを通じて、書きまくり、しゃべりまくった。中沢はもともと文才、弁才に秀でていたが、選手の情報を丹念に集めてまわるなど陰で努力を惜しまなかった。一九五九年にパシフィック・リーグの初代専任会長に就任したが、テレビの普及で人気が高まるセントラル・リーグとは対照的に、パシフィック・リーグは低迷が続いた。一九六五年没。二〇〇二年に野球殿堂特別表彰者に選ばれた。

（高嶋航）

参考文献
東田一朔『プロ野球誕生前夜：球史の空白をうめる』東海大学出版会、一九八九年
中沢不二雄『これが野球だ：監督の作戦・選手の心理』光文社、一九六〇年

6 斎藤兼吉〔さいとうかねきち〕

アントワープ五輪へ

斎藤兼吉（一八九五〜一九六〇年）は新潟県佐渡郡相川町（現在の佐渡市相川町）に生まれた。佐渡中学校から高田師範学校を経て一九一五年一〇月、東京高師に入学した。佐渡中学校時代からスポーツ万能の人だったが、東京高師では水泳選手として活躍した。一七五センチと当時としては長身で、筋骨隆々とした堂々たる体格だった。一九一七年、東京で開かれた第三回極東大会では競泳五〇ヤード、一〇〇ヤードで優勝しただけでなく、陸上競技でも五種競技、槍投、円盤投の三種目で優勝する離れ業をやってのけた。新聞はその万能ぶりを「水陸両棲」と表現したという。

一九二〇年のアントワープ五輪でも水泳の一〇〇M自由形、四〇〇M自由形、陸上では五種競技

図6−1　**アントワープ五輪出場時の斎藤（後列左から2人目）**（日本体育協会編『オリンピックと日本スポーツ史』日本体育協会、1952年）

の代表としてエントリーした（図6−1）。しかしながら、太平洋を船で渡り、アメリカを横断してさらに大西洋を渡る三カ月あまりの長旅（五月一四日出航、アメリカ、イギリスを経由して八月にベルギーへ到着）の影響もあってか、五種競技は棄権、一〇〇M自由形は予選落ち、四〇〇M自由形は準決勝に進出したものの途中棄権という記録が残っている。

まだクロールが日本に普及していなかった一九二〇年、水府流の古式泳法を身につけていた斎藤は、水泳自由形で「片抜手」を用いたという。一〇〇Mは神伝流の内田《うちだ》正練《まさよし》とともに予選落ち、四〇〇Mでは準決勝まで進んだが大差をつけられ三〇〇M付近で棄権した。当時、クロールの存在は全く知られていなかったわけではないが、国内に斎藤より速いクロールの使い手はおらず、クロールが最速という認識がなかったのかもしれない。実際、斎藤はアントワープへ向かう途上、ハワイで本場のクロールを目にしてから練習で取り組んだらしい。ただ、息継ぎをどこですればよいかなど泳法の詳しいことがわからなかった。斎藤は途中までクロールを用い、息が切れたところで古式泳法に切り替える策を取ったようだが、四〇〇Mでは途中で力尽きたということだろうか。のちに斎藤は、『満洲日日新聞』紙上で一〇〇Mはクロールで泳いだと語っている。余談ながら内田の方は初体験の飛び込み競技に出場し、一〇Mの高さからとにもかくにも飛び込んだため、ひときわ大きな水しぶきを上げたという逸話も残されている。

日本選手にとってのオリンピックは、まだ世界と戦う場というよりは世界水準の技術と体力を実体験する場だったのだ。ハワイ出身の伝説的なスイマーであり、サーファーとしても知られるデューク・カハナモクが席巻した同大会で、日本人選手は欧米人との体格・体力差を痛感することにもなった。この大会でクロールに接してこれに取り組み始めた日本人選手は、一九二四年のパリ五輪で高石勝男が一〇〇Mと一五〇〇M自由形で五位、八〇〇M自由形リレーで四位、一九二八年のアムステルダム五輪では同じく高石が一〇〇M自由形で銅メダル、八〇〇M自由形リレーで銀メダルとステップアップし、一九三二年のロサンゼルス五輪では一〇〇M自由形の宮崎康二、一五〇〇Mの北村久寿雄《きたむらくすお》を含む男子競泳六種目中五種目で金メダルという水泳王国へ成長を遂げることとなる。その礎となったのが一九二〇年の斎藤らの経験だった。

満洲での生活

斎藤はアントワープ五輪後、嘉納治五郎の勧めを受けて欧州を視察して回り、そのまま一年間イギリスに留学した。帰国後は大阪の天王寺中学校に奉職したが、一九二二年一〇月に満洲へ渡り、奉天の満洲医科大学で生理学・体力学を講義した。その後、一九二四年からは一九二三年に創設された満洲教育専門学校（以下、教専）で教鞭をとった。

教専は鉄道附属地の教育を委任された満鉄によって設立された教員養成機関である。ただし、必ずしも教員を育てることを前提とせず、生徒たちには「国家有用の人物」となることを説いた。設立時の中心メンバーだった満鉄学務課長保々隆矣《ほぼたかし》は内務官僚から転じた人だったが、型にはまった師範学校の雰囲気を脱して、イートンやハーローといったイギリスのパブリックスクールを手本に寄宿舎制の新しい学校を作ろうとした。「自由」と「進取」をモットーとするリベラルな校風に共感する人々が集まり、実験的な教育が進められた。生徒への給費制度や卒業後の満鉄就職という破格の待遇も、優れた生徒たちが集まる要因だった。斎藤は創立の趣旨に感激し、「大きな希いとよろこびを感じて」着任したという。

保々はそれまでの内地延長主義から現地適応主義への転換を図り、中国語教育を含めた現地への適応や独自教科書の編纂などにも取り組んだ。満鉄と関東庁の協同出資による南満洲教育会教科書編集部の設置もその試みの一つだった。パブリックスクールが意識された点から見ても、体育やスポーツでも満洲の独自色を発揮することが求められ、オリンピックを経験した万能選手の斎藤には大きな期待がかけられていたと考えられる。

斎藤は一九二八年一二月から二九年六月にかけての六カ月間、スケートの普及にかかる研究・調査のためフィンランド、ノルウェー、スウェーデン、ドイツ、スイスを訪問している。冬季のスポーツとしてスケートの振興を図る満洲体育協会の意を受けたものだった。教専在任中は学生たちが家にも出入りして交流するなど、斎藤は教員としての充実した日々を送った。一九三一年には岡部平太（3）とともにデンマーク体操のニールス・ブックを招聘するなど、新しい体育の可能性を探る日々を過ごした。一九三三年一一月には教専の一期生で附属の千代田小学校の体操教師となっていた渡邊明治とともに作成した満鉄小学校体育要目を発表した。『満洲日報』はこれを内地初等教育界に波紋を投ずる画期的なものと報じている。

保々はスケート、ラグビーなどスポーツを教育に取り入れることに積極的で、斎藤のよき協力者だった。しかしながら、教専の構想は多大の経費を要することに加え、その教育方針・内容が文部省の方針とは一線を画すものとして風当たりは強くなった。教専は世界恐慌にともなう満鉄の財政緊縮の影響を受け、時勢に一致しないとして一九三二年の第九回卒業生をもって廃校となり、一〇年間で二三一名の卒業生を出すにとどまった。すでに保々は満洲を去り、その他の教師たちの多くも内地へと戻ることとなった。南満洲教育会教科書編集部は在満日本教育会に統合され、保々や斎藤が求めていた自由な空気は次第に薄まっていくこととなる。

日中戦争以後

満洲事変後に教専が廃校となり、斎藤は満鉄地方部学務課へ異動となった。その後、一九三五年に満洲建国体操の作成に携わっている。これは同年四月に満洲国皇帝が天皇と対面したことを記念する五月一五日の皇帝御訪日記念国民慶祝大会で披露され、満洲のラジオ体操と位置づけられた。体操作成には斎藤のほか七名が関わったが、そのうちの二人である久保田完三（大満洲帝国体育連盟主事）と渡邊明治（満鉄地方部学務課体育係）は教専時代の斎藤の教え子だった。久保田は満洲国の極東大会参加運動で満洲国代表の役割を担った人である。渡邊は斎藤の異動に付き従い、斎藤とともに満洲体育の発展に力を尽くした。斎藤の妹正野と結婚し、公私ともに斎藤の近くにいた人物だった。

一九三七年一二月、満鉄が委託されていた鉄道附属地の行政権が満洲国へ移ると、在満日本人の教育も新京の大日本帝国大使館に置かれた関東局在満教務部へ移り、斎藤はここに転任することとなった。斎藤らが教専で展開していた自由な実験的教育の遺産もここにきて失われることとなる。

図6－2　満洲からの引き揚げ後、新潟大学高田分校で教鞭をとる斎藤（朝日新聞社編『アサヒグラフ』1346号、1950年6月7日）

一九四四年春には本渓湖市の満洲製鉄教育錬成所長となり、若い技術社員を養成する実科教習所長を兼ねた。

戦後は一九四六年七月に引き揚げた後、一九四七年に佐渡高等学校教諭、一九四九年に新潟大学高田分校教授となった（図6-2）。いずれも斎藤の母校（佐渡中学校、高田師範学校）だった。さらに一九五三年から金沢大学教授を務め、その後、中京大学体育学部の創設に尽力した。一九五九年には同学部長となったが、一九六〇年一〇月二六日、胃癌のため死去。同じ水泳選手であり、満洲で同じ時期を過ごした宮畑虎彦（10）は、斎藤を「組織の中で、我を殺して他人と妥協して働くのはにが手であった。早くから満洲へ渡ったのも、狭苦しくて周囲のうるさい日本内地の生活よりは、自由な天地での生活を求めてであったらしい」と評している。長男に「自由」と名づけた斎藤の生き方は、内地での制約から解き放たれた自由な生き方を求めて満洲に渡った群像を象徴しているようでもある。

（佐々木浩雄）

参考文献

相川町史編纂委員会編『佐渡相川の歴史（通史編）』相川町、一九九五年
喜多由浩『満洲文化物語：ユートピアを目指した日本人』集広社、二〇一七年
『満洲忘じがたし』満洲教育専門学校同窓会・陵南会、一九七二年

宮畑虎彦「斎藤さんの思い出」『新体育』三〇巻一二号、一九六〇年一二月
山本修之助『佐渡の百年』佐渡の百年刊行会、一九七二年

7　富木謙治〔とみきけんじ〕

富木謙治とは誰か？

帝国時代の日本には武道界にも何人かの有名人がいた。講道館柔道の嘉納治五郎、合気道の植芝盛平らがそれである。彼らと比較すると、ここで取り上げる富木謙治の知名度は決して高くない。しかし、富木は満洲国で合気道の指導・研究をし、戦後は試合のある合気道を確立した、きわめて独創的な武道家である。また、富木は柔道と合気道のどちらでも〝八段〟という高い段位を与えられた稀有な人物である。いわば、帝国日本の隠れた名人・奇才といえる武道家・富木の足跡をここでは辿っていきたい。

富木は一九〇〇年、秋田県仙北郡角館町に生まれた。幼い時から武道に親しみ、角館小学校に入学した頃から木刀の素振りを行い、四年生になると町道場で柔道を始めた。柔道にのめり込んでいくのは一九一四年に横手中学校に入学してからだった。一九一九年には初段を取得している。

一九二二年に早大予科に入学し、柔道部に入部。一九二四年に東京府内の大学で結成された東京学生柔道連合会の幹事に就任する。同会の顧問は嘉納であったが、富木は委員としてしばしば嘉納のもとを訪れ、その教えを受けた。これが富木と嘉納の出会いである。

一九二六年の秋、早大卒業間近の富木は植芝と出会うことになる。富木は柔道のように襟袖に組みつかず多彩な技を繰り出す植芝の実技に魅了され、大学院に進学した後も植芝のもとで稽古をした。柔道も同時に続けており、一九二九年に宮城県電気局に就職した際には、第一回の昭和天覧試合に宮城県代表柔道府県選士として出場している。富木が柔道競技者としても優れた実力の持ち主であったことを示すエピソードである。

このように柔道のみならず植芝から古い柔術のような技の数々を学ぶなかで、富木は武術諸種目を比較検討する視点を養っていった。それは嘉納が天神真楊流と起倒流という二つの柔術流派に学ぶことでさまざまな流派を比較する目を養ったことと似ている。志々田文明は富木の武道観について、「その優れた柔道の技術と、嘉納の広い武道（柔道）理論、そして植芝の、柔道競技と異なる格闘形体からの関節技（主として手首）、当身技《あてみわざ》（一点一方向の軟らかい力で押し倒す）の技術とを合わせ学び、思索を巡らすことによって、早い段階で形成されてきた」と述べている。

一九三五年、富木は渡満し、当時、関東憲兵隊司令官であった東条英機に合気道を紹介する機会を得たことがきっかけで、翌年から関東憲兵隊教習隊、満洲国の官吏養成学校である大同学院、さらに新京警察署などで合気道を指導することになった（図7‐1）。

一九三六年、富木は満洲国行きを報告するため、嘉納に会いに行った。このとき、富木は嘉納にこう言われたという。

富木君、植芝さんのところで君がやっているような技が必要なんだ。昔の柔術というのは皆、植芝さんの技と同じようなことをやるのだ。しかし、あれをどういう風に練習させるかが問題なのだ。難しいんだ。

（富木謙治『武道論』二七三頁）

図7－1　満洲講道館有段者会で合気道を指導する富木謙治（左）
（『満洲日日新聞』1937年10月5日）

おりしも競技化に流れる柔道に元来の武術性を取り戻そうとしていた嘉納は、一九三〇年に植芝のもとを訪れ、その技を見学し絶賛したといわれている。この時の経験から嘉納は植芝の技に興味をもっていたので、植芝のもとで稽古をしていた富木を激励したのである。嘉納の激励を受けて富木は「先生の柔道原理を持《ママ》ってすれば不可能なことはないと思います」と答えたという。

渡満後しばらくは各所で合気道指導をしていた富木だが、植芝の推薦を受けて一九三九年二月に建国大学助教授になる。建国大学では武道教育が正課にされていたが、合気道もその教材

図7−2　**講道館護身術「前蹴」取（左）：富木謙治、受（右）：大庭英雄**（画像提供　公益財団法人講道館）

として採用された。定かではないが決め手は、植芝が作田荘一、筧克彦《かけいかつひこ》、平泉澄《ひらいずみきよし》といった建国大学創設委員の前で行った演武であり、その技が評価されたためともいわれる。ただし日本に道場をもつ植芝は満洲に活動拠点を移すことはできなかったので、すでに満洲国で合気道の指導をしていた富木が推薦されたのである。

建国大学に着任した富木は、たびたび日本に戻り講道館に出向している。講道館では一九四〇年以降、二代目館長の南郷次郎主導で嘉納の遺志と時局に応じた新しい形を作るための「形の研究会」が何度か開かれた。当研究会では相手に組みつく前の離隔《りかく》の態勢から繰り出す技を検討するために、富木が当研究会の委員として満洲国から招聘されたのである。結果的にこの研究会では新しい形は作られなかったが、一九五六年に制定される講道館護身術の礎を作った（図7−2）。富木は講道館護身術の制定委員としても活躍している。

さて、合気道を柔道に取り込む作業と「形の研究会」は一見別々の活動に見えるが、富木のなかでは一つの研究成果へと結実していった。その成果は論文『柔道に於ける離隔態勢の技の体系的研究―柔道原理と合気武道の技法―』として一九四二年八月に建国大学研究院に提出された。この論文には戦後の富木の独創的な活動を下支えするアイデアが詰まっている。以下、少しだけこの論文の内容を紹介したい。

建国大学における当身技の研究

富木は合気道を柔道に取り入れようとしたが、具体的にはなにを取り入れようとしたのだろうか。ヒントは富木論文のタイトルにある「離隔態勢の技」である。離隔態勢の技とは当身技と主に手首を決める関節技のことを指す。とりわけ富木は当身技に重点を置いている。以下、当身技に焦点をしぼって議論する。

当身技とは一般に拳や足を使って相手の急所を突いたり蹴ったりする技術のことである。柔道は通常、襟袖に組みついて投技と固技の稽古をする。他方で相手と組みつく前の間合いで展開される当身技も形では稽古される。嘉納も当身技を乱取稽古に取り入れようと試みていたが、相手にケガをさせる恐れがあるため成功しなかった。武術として総合的で完成度の高い格闘体系を構想していた嘉納にとって当身技を乱取に取り入れることは悲願であり、これを成し遂げたのが富木であった。

当身技を乱取に導入する際に課題となっていたのは、その高い殺傷力である。相手の急所を突いたり蹴ったりしては最悪、死にいたらしめるかそうでなくとも大ケガにつながりかねない。武道の戦技化（戦争に資するための技術改変）が国策として進められていた第二次世界大戦中の日本では、一九四三年に政府外郭団体であった大日本武徳会によって柔道の審判規定が改正され、当身技や脊柱の関節を極める技など、ほぼすべての徒手攻撃が許されることになった。しかし、これに対して衆議院議員であり講道館の門人でもあった藤生安太郎は、この審判規定の改正は修行者の身体を傷める「改悪」だとして批判を投げかけていた。国策として戦技化が進められた戦時中でさえ、当身技を乱取及び試合に導入することは危険視されていたのである。

では、殺傷力の高い危険な当身技を富木はどうやって柔道の乱取に取り込もうとしたのか。富木によれば、当身技には相手のバランスを崩して倒す方法と急所を突いて敵に傷害を与えたり失神させたりするなどして倒す方法の二つがある。このうち富木は前者の「倒す術理を体得してこそ始めて柔道の根本原理に基いた当技の真義を解し得べしと信ずる」と述べる。どういうことか。

富木によれば合気道の当身技は手刀や掌底で相手を打つのだが、これを柔道原理で解釈すると次のように動きが変化する。すなわち、手刀で相手を打つのではなく、押して体勢を崩し、その後に相手を地面に倒す。ここに相手のバランスを崩す投技の原理を応用した当身技ができあがるのである。かくして富木は技の原理のレベルで投技と合気道の当身技を一致させることで、「拳闘や唐手」のそれとは異なる「柔道としての独自性」を担保したのだ。相手を倒すだけならば投技と同程度にまで危険性は下がる。またそれは柔道原理に適った技である。富木はこのような認識のもとで当身技を柔道用に再開発したのではないだろうか。

富木が柔道原理をもとに当身技を再開発した背景にはもう一つ、植芝からの影響が挙げられる。

植芝が熱心な大本信者であったことはよく知られており、「神武」の思想の影響を強く受けていた。これは「真の武は神より来るものである。武は戈を止めしむる意であって、破壊殺傷の術は真の武ではない」という殺傷否定の武道思想である。

相手を殺傷する技は武道の次元としては低く、相手を殺傷しない「神武不殺の大精神の技術的展開」にこそ柔道の特質が表れる。そしてこの神武不殺の境地に達する技術こそが崩しなのである。崩しがうまく効けば相手の身動きの自由は奪われる。このとき、こちらはケガをさせないように相手を倒す「心のゆとり」をもてるはずである。あるいは崩した後に技をかけない「心のゆとり」をもつことができるかもしれない。柔道家は崩しの技術を神武不殺の境地にまで高めなければならない。富木はそう考えたのである。

ところで、いくら日本から離れた満洲国とはいえ、日本国内が武道の軍国主義化に邁進するなかでこうした主張をすることは、関東軍から目をつけられるかもしれない危険な行為であった。そのような危険を冒してまで富木が殺傷否定を説く理由はどこにあったのだろうか。

これについてはここまで述べてきた植芝からの影響以外にもいくつか考えられるが、一つ挙げるとすれば、一九四二年三月に建国大学の学生が起こした反満抗日運動である。この時の反満抗日運動で獄死した学生のなかに日頃から富木が合気道を指導していた柴《さい》《チャイ》順然《じゅんぜん》《シュンラン》がいた。一方、そうした学生を捕える憲兵隊も富木に合気道を学んでいたのだった。どちらも富木の教え子であるが、自身の教える技によって教え子同士が傷つけ合い、捕まったと考えると皮肉なめぐり合わせである。富木は関東軍に目をつけられる危険を冒して、柴の遺体をもらい受けに行ったという。民族協和を掲げる満洲国の欺瞞の前で富木は、武道は殺傷の技であってはならないという思いを強めたのではないだろうか。

合気道競技の確立

敗戦後、富木はシベリア・バルハシ湖畔に抑留される。三年間の抑留生活を経て一九四八年に帰国した彼はしばらく身体の衰弱で活動できなかったが、翌年から早大の非常勤講師、講道館常任理事を務め、東京学生柔道連盟の再興に尽力した。一九五一年には早大専任講師、柔道部師範になっている。この間、ＧＨＱと講道館との間でスポーツ化を条件とした柔道の復活が進められたが、その過程で危険とみなされる当身技の稽古は禁じられた。そのため、戦時中に苦労して作られた富木の当身技は柔道の乱取・試合に取り入れられることはなかった。

講道館護身術の制定後、富木は自身の武道論を追求すべく、一九五八年に早大合気道部を創部する。そして同部を実験場にして合気道競技の研究を進め、一九六一年にその方式はほぼ確立した。通常、合気道では試合は行われないが、合気道競技の発想は柔道競技者としても活躍した富木ならではのものである。また、合気道競技では富木の当身技も使用される。一九七〇年に富木は早大を退職するが、この年第一回全日本学生合気道競技大会を開催し、合気道競技が本格的に行われるようになった。一九七四年には日本合気道協会が創設され、富木は会長に就任している。一九七九年一二月二五日に死去。結腸癌であった。

柔道には定着しなかったものの、富木の当身技は現在も日本合気道協会によって継承されている。

（中嶋哲也）

参考文献

志々田文明『武道の教育力―満洲国・建国大学における武道教育―』日本図書センター、二〇〇五年

富木謙治（志々田文明編）『武道論』大修館書店、一九九一年

中嶋哲也『近代日本の武道論―〈武道のスポーツ化〉問題の誕生―』国書刊行会、二〇一七年

8 浜崎真二〔はまざきしんじ〕

慶大エースになる

一九〇一年、浜崎は広島県呉市に生まれた。広島商業予科に入ってすぐの紅白試合で浜崎は先輩の放った強烈な打球を捕った。これが「運命のわかれ道だった」。予科二年のとき、「甲子園」大会に外野の補欠で出場した。本科一年のとき、無期停学処分（浜崎によれば冤罪だった）を言い渡されて退学、呉海軍工廠製鋼部に半年ほど在籍した。呉はスポーツの盛んなところで、工廠には多いときで三〇もの野球チームがあった。

一九一九年春、神戸商業に入学した。主将の網干益雄（のち満倶）は熱血漢で、毎日ピッチングの練習をやらされた。一九一七年から一九二〇年まで、兵庫県勢は「甲子園」大会で三連覇（一九一八年は中止）していた。その兵庫で神戸商業のような無名校が予選を突破するのは至難の業だった。しかし、浜崎の活躍で、一九一九年には予選決勝で神戸一中をあと一歩まで追い詰めた。

一九二二年の兵庫予選決勝は山下実（のち満倶）、永井武雄らを擁する神港商業が相手だった。浜崎は神港商業打線を零封し、本戦出場を決めた。神戸商業は決勝に進み、和歌山中学と対した。七回を終えて四対〇とリードし、誰もが神戸商業の優勝を疑わなかった。当日の夕刊は神戸商業の優勝を報じた。ところが八回表に浜崎は五点を献上、さらに九回表に三点を取られ、四対八で逆転負けをした。和歌山中学反撃の口火を切ったのが小笠原道生だった（のち文部省体育局長として野球弾圧の役回りを演じることになる）。

大会終了後、浜崎は大毎野球団から満鮮遠征に誘われた。中学生がセミプロチームでプレーするのはまずいので変名で参加したと浜崎はいうが、現地ではしっかりと浜崎の名前が出ていた。

一九二三年に慶大に入学した浜崎は、今度は慶大の満鮮遠征に参加する。朝鮮、天津、北京を回って、八月三一日に大連に到着した。翌日、大連実業団（以下、実業）との試合開始直前に「東京、横浜は全滅、死者は百万」という号外が出た。関東大震災である。翌日の九月二日に実業との試合が予定されていたが中止となり、四日に慶大は大連を去った。

一九二五年秋、早慶戦が復活した。その記念すべき第一戦、早大は竹内愛一（のち満倶）、慶大は浜崎が先発した。浜崎は体調が悪く、〇対一一と慶大は惨敗した。次戦も負けた。その翌年も早大に勝ち越された。この年、浜崎は外野を守った。「よし、オレがもういっぺん投げて、きっと仇討ちをしてやる」と浜崎は心に誓った。

一九二七年、慶大に宮武三郎、山下実ら黄金世代の立役者となる選手が入部した。春の六大学リーグに優勝（早大はアメリカ遠征のため不参加）した慶大は、八月に上海で開かれた極東大会に出場し、フィリピン、中国を破って優勝した。浜崎は外野手だった。

秋の早慶第一回戦、浜崎がマウンドに立ち、六対〇で完封した。第二回戦は宮武が先発、浜崎がリリーフし、三対一で早慶戦に勝利した。一九二八年、慶大はアメリカに遠征、五カ月間で二四勝一五敗一分の成績をおさめた。遠征中、浜崎は腰本寿監督と対立、野球部に籍は置いていたが、野球はもうやらなかった。

卒業を前に、先輩から「お前みたいなヤツは内地向きじゃないから満洲へ行け」と言われ、満洲に行く気になった。中沢不二雄（5）も浜崎を引っ張った。

「卒業論文は何を書いたか」

「何を書いたのかさっぱり知りません」

満鉄の入社試験でのやりとりである。浜崎は生意気だということで、落とされかけた。野球部長の猪子《いのこ》一到《かずゆき》が松岡洋右に頼み込み、浜崎はパスした。慶大の先輩で満鉄衛生課長金井章次のところに行くと、「満鉄では帝大出でないとえらくなれない」と言われた。それを聞いた浜崎は、「野球を一生懸命やろうと腹を決めた。満倶の練習はきつかった。満洲の野球は、内地の連中には絶対に負けない強豪チームを作るんだ」という情熱に燃えていた。

満倶エースとして

浜崎の満倶デビューは一九二九年六月の実満戦（都市対抗野球満洲予選を兼ねる）だった。満倶は二回に大量七点を得て、浜崎はデビュー戦を白星で飾った。第二回戦は浜崎と谷口五郎（9）の投げ合いで、延長戦のすえ満倶が勝った。第三回都市対抗野球大会に出場した満倶は、全大阪戦に苦戦したものの、準決勝で全京城を八対四、決勝で名古屋鉄道局を六対〇で下し、大連勢三連覇を決めた（図8-1）。

図8-1　第3回都市対抗野球大会にて（1929年）（浜崎真二『球界彦左自伝』）

一九三〇年の大部分を浜崎は福山の歩兵第三四連隊で過ごした。一五〇センチ、四五キロの体で兵隊に取られるとは思っていなかった。二〇〇円を納めて一年志願兵として入営した。演習ではすぐに「戦死」して、いち早く町に戻って休んだ。そんな浜崎だが、射撃はピカイチだったし、地元の中学生や小学生に野球をコーチして、連隊に尽くした。

浜崎が一番悔しい試合と振り返るのが、一九三二年の都市対抗野球大会決勝である。対戦相手は開幕第一戦で大会二連覇中の東京倶楽部を四安打無得点で破った全神戸だった。全神戸は、若林忠志を擁する全川崎、渡辺大陸《わたなべたいりく》を擁する台北交通団を次々と下し、決勝で満倶と対戦した。満倶は九安打を放ちながら得点できず、二安打ながら好機を捉えた全神戸が一対〇で優勝した。

一九三三年の実満戦、満倶は初戦から二連勝し、都市対抗野球大会出場にはあと一勝すればよかった。勝利を確信した中沢不二雄監督は、新人の小松義男投手を起用した。小松は初回いきなりピンチを招き、浜崎に交替。浜崎は制球定まらず、ついに七対九で満倶は敗れてしまった。勢いづいた実業は、つづく二戦に勝利し、一九二八年以来の優勝を決めた。野球部長の猪子一到はかんかんに怒って中沢監督を首にした。

野球一筋だった浜崎も、この年を最後に満倶から退いた。仕事のほうは身が入らず、転勤先の四平街でも野球をやっていたが、野球好きの河本大作（2）に拾われ、一九三五年の大部分を関東軍嘱託として天津で過ごした。といっても浜崎になにかできるわけでもなく、毎晩ギャンブルを楽しんだという。

一九四一年秋、第一二回明治神宮大会に満洲から野球チームを派遣することになった。浜崎は満倶の監督となり、選抜チームを結成した。しばらく現役から遠ざかっていた浜崎だが、猛練習をして再びマウンドに立った。参加チームは、藤倉電線、八幡日鉄、川崎製鉄所、満倶。四一歳の浜崎は八幡を六安打無得点、藤倉を七安打無得点に抑え、優勝投手となった。

戦中・戦後

それからしばらくして浜崎は満洲映画協会に移った。理事長は甘粕正彦だった。関東大震災のとき大杉栄、伊藤野枝夫妻が憲兵隊によって殺害された、いわゆる甘粕事件の「張本人」である。甘粕は満洲事変の前から満洲で特務工作に携わり、満洲国建国後は政府関係の役職に就いていた。浜崎は甘粕に「日満一心一徳というけれど、これはなかなかむずかしい仕事だ。これをやるのにはスポーツが一番いい。日本人も満人も差別なく、一緒にスポーツをやるのが、一番効果がある」と進言した。それにはまずグラウンドを作らねばならないと浜崎は言った。「よし、浜崎お前に任すからそれを作れ」と甘粕は命じた。費用を計算すると一〇〇万円かかる。各方面からの反対にあい、工事は進まない。それを知った甘粕は重役たちを呼びつけて「浜崎の命令どおりやれ」と一喝し、ようやくグラウンドが完成したのだった。

一九四五年六月、甘粕は「猪子さん以下、全満の野球人を集めて野球大会をやろう」と言い出した。さすがにそれは難しかったので、新京在住の野球経験者を集めることになった。甘粕は日本の敗戦を予期していたから、野球で士気を鼓舞するというより、好きなことをやらせてみんなを楽しませようとしたのではないか、と浜崎はのちに推測している。

浜崎は八月一五日を大連で迎えた。一九四六年春から大連に次々と難民が流れ込んでくる。いつ

図8－2　300勝を達成したスタルヒンを祝福する浜崎真二監督（左端）（同前）

帰国できるかもわからず、日本人は絶望的になっていた。浜崎はそんな日本人の気持ちを和ませるために野球をやることを思いついた。「難民救済基金募集」という名目で許可が下り、実業のグラウンドで野球を始めた。浜崎自身、「監督もやるし、マウンドに立ってピッチャーもやる。投げないときは世話役」をした。「ぼくはこの〔昭和〕二十一年の一年間は、日本人として、日本人のために本当にいいことをしたといまでも思っている」と浜崎は言う。

一九四七年、四五歳で阪急ブレーブスに選手兼監督として入団、四八歳で勝利投手となった。一九五三年に阪急を退団してからも、複数のプロ野球チームのコーチ、監督を歴任した。トンボユニオンズ監督時代にはスタルヒン（35）が三〇〇勝を達成した（図8-2）。野球評論家に転じると、毒舌をもって鳴らした。一九七八年に野球殿堂入りし、一九八一年に亡くなった。

（高嶋航）

参考文献

浜崎真二『球界彦左自伝』恒文社、一九七八年

朝鮮育ちの大連実業団エース

9　谷口五郎〔たにぐちごろう〕

朝鮮、満洲球界での活躍

一九〇一年、佐賀県に生まれる。早くに朝鮮に渡った谷口は、釜山商業時代に全釜山の花形として活躍、来征した法大、明大、満倶を苦しめた。自慢の打線を二安打に抑えられた満倶の山田潤二監督は「我軍が誇りとする強打者悉く年少左手の投手に封ぜられ」と悔しがった。大学野球チームの大陸遠征は一九一七年の早大が最初であり、満洲野球チームの内地遠征は一九一九年の満倶が最初だった。内地と外地の野球交流によって、谷口の価値が見いだされ、ローカルなヒーローから日本を代表する選手となる。

谷口が釜山商業を卒業したのは一九二〇年三月だった。彼の卒業がもう一年遅ければ、違ったかたちで名を挙げていたかもしれない。朝鮮の中等学校が「甲子園」大会に初めて参加するのは一九二一年のことであった。第一回朝鮮予選には釜山商業ほか四校が参加、釜山商業が優勝し、初代朝鮮代表の座を勝ち取った。

谷口の卒業を待っていた満倶は、エースの岸一郎を派遣してその獲得に努め、岸は谷口を連れて大連に戻った。岸自身も一九一七年に早大を率いて来連した際の活躍を買われて、満鉄に入社していた。

一九二〇年五月の関東州野球大会（大連で最大の野球大会）で谷口は満鉄本社軍の先発としてマウンドに上がったが、四回に四点を献上しノックアウトされた。このころ満倶では内紛が起こり、岸に反発した一部の選手が満倶を離脱した。彼らと親しかった谷口も満倶を離れ、大連実業団（以下、実業）に移った。谷口の電撃移籍は大連野球界を震撼させた。満鉄は実業が谷口を誘惑したとして、強く抗議した。「某所へ監禁同様の足留めを喰つたとか谷口君を採用した商店とは取引せぬとか全く流言飛語としか解されぬやうな噂」が飛び交った。この背景には満倶と実業のライバル関係があった。満洲では満鉄が圧倒的な力をもっていた。その恩恵にあずかれない人たち（市中）は満鉄に強い対抗意識をもっていた。満鉄と市中の対立は、野球以外のさまざまな面に及んでいた。だからこそ谷口の移籍は波乱を巻き起こしたのだ。結局、谷口を早大に進学させるということで示談（？）が成立した。

早大エース谷口の誕生

谷口の初陣は一〇月一八日の明大戦だった。明大は怪投手渡辺大陸が先発したが、荒れ気味の投球で早大に八点を取られた。一方、谷口は明大打線を二安打無得点に抑え、初陣を勝利で飾った。翌週の関西学院高等部戦では無安打試合を記録し、早くも大投手の片鱗を見せた。

一九二一年三月から七月まで早大は四回目となるアメリカ遠征に出かけた。早大には松本終吉と有田富士夫の二人の投手がいたが体調が悪く、谷口がほぼ一人で投げきった。一五勝二三敗だった。谷口は自他ともに許す早大のエースとなり、一九二一年秋、一九二二年秋のリーグ戦完全優勝に貢献した。

谷口の名を高からしめたのは、逆モーション事件である。早慶戦は一九〇六年以来断絶していた。そのため、現役とOBの混成チーム同士による対戦が一九二一年に実現した。これを三田稲門戦という。一九二二年秋、慶大小野三千麿と早大谷口の対決を見ようと大勢の人が三田稲門戦に足を運んだ。谷口はこの日のために逆ワインドアップによる投球を完成させていた。慶大の選手はとまどい、ボークを疑った。しかし、審判の蘆田公平はボークではないと判断した。慶大側は納得せず、緊張が高まった。第二回戦で、三田の高浜益雄選手は打席で谷口を挑発、これに憤った谷口は高浜に死球を与えた。高浜が谷口めがけてバットを投げつけると、谷口はグラブを叩きつけてマウンドを降りてしまった。安部磯雄部長はこの振る舞いをとがめ、谷口は一カ月の出場停止処分を科された。このあと来日した大リーグ選抜チームの審判に谷口の投法について尋ねたところ、ボークではないということで一件落着した。事件から八年後、谷口は逆ワインドアップをしても実はそれほど有効ではなく、馬鹿なことをやったと語っている。

一九二三年、谷口は久留米の歩兵第五六連隊に一年志願兵として入隊する。谷口はさっそく連隊の野球チームに編入された。おりしも軍隊は野球ブームで、同連隊でも四、五年前から野球チームができていた。ただし、練習時間はあまりなく、夕方にキャッチボールを三〇分するのが関の山だった。それでもチームワークはバッチリだった。谷口が一度だけ本気で投げたことがある。渡辺大陸率いる福岡の歩兵第二四連隊との試合である。一方、同じ久留米に駐屯する歩兵第四八連隊との試合は、谷口を投手に立てないという条件のもとで行われた。

大連実業団のエースとして

一九二四年七月に除隊して大連に戻った谷口は、記者に対して、軍隊でも練習を続けたが、コントロールはまだしもスピードは衰えたと語っている。谷口の大連球界復帰第一戦は、八月二四日の宝塚運動協会との第二回戦で、七回から登板し、協会を零点に抑えた。九月には大毎軍を迎え、谷口は三戦すべてに先発した（**図9**）。

谷口が因縁の満倶との試合に臨んだのは、一九二五年六月二一日のことであった。谷口は満倶を四安打無得点に抑えた。第二回戦も二安打無得点に抑え、実業は二年ぶりに実満戦勝ち越しを決めた。翌年の実満戦、谷口は後輩の竹内愛一と投げ合い、勝ち越した。第一回都市対抗野球大会の予選を兼ねた一九二七年の実満戦は負け越し、都市対抗野球大会出場を逃した。

一九二八年は実業が実満戦を制した。この年、谷口は儲蓄公司社長岩瀬作之助の娘静子と結婚し、岩瀬に改姓した（以下も谷口と記す）。谷口は実業のエースとして第二回都市対抗野球大会に出場、全神戸を七対〇、横浜を二三対〇で破り、準決勝で大阪と対戦した（大阪は前年の決勝で満倶に敗れ優勝を逃している）。谷口は調子が悪く、六点を奪われてマウンドを降りた。実業は九回に追いつき、延長一〇回に逆転、七対六で大阪を破った。谷口は途中からマウンドに戻った。「なんだ谷口、大阪のやつなんかに打たれてひっこむのは駄目だ」という野次に発憤したからだという。決勝の東京戦では谷口自身が決勝打を放ち、一対〇で優勝し、大連勢二連覇を果たした。

図9　大連実業団のユニフォームに身を包む谷口投手（日本社会人野球協会編『都市対抗野球大会40年史』日本社会人野球協会、1969年）

一九二九年、満倶には浜崎真二（8）が加入し、早慶の元エースの投げ合いに注目が集まった。一見華やかに見える実満戦だったが、実業の頽勢は日をおおうばかりだった。財界不況の影響は満鉄も被ったが、大会社であるだけになお有力選手を傭い入れる余裕があった。一方、実業は不況の影響をもろに受け、選手不足に苦しんだ。

一九三〇年、谷口は実業の主将となった。この頃、実満戦について「吾々が早稲田のピッチヤーをやつて居たが、青くなつて震へるやうな事はなかつた。勝つても負けてもいいといふことでやつたから楽にやつて居たが、実満戦の時程緊張することはない。自分の技倆が十のものが五しか出ない、だから自分の技倆が十分出てゐない内に年を取つて行くでせう」と語っている。大連の野球人にとって、実満戦は特別な存在だった。しかし、一九三〇年も一九三一年も満倶の堅陣を崩すことができず、谷口は主将を辞任した。

次に実業が実満戦を制するのは一九三三年のことである。都市対抗野球大会では準決勝に進出、東京に六対八（延長一一回）で敗れた。谷口はこの一戦でも力投を見せた。谷口は一九三八年の六大学OB野球に出場し、健在ぶりを見せつけている。

戦後は谷口姓を名乗り、茨城の常磐炭鉱の監督を務め、都市対抗にも出場した。一九五三年に読売ジャイアンツのコーチ、一九五九年に大洋ホエールズのコーチとなり、一九六三年まで務めた。一九七九年に野球殿堂入りし、その翌年に亡くなった。

（高嶋航）

参考文献

大塚生「麒麟児谷口君」『満日』一九二一年一月二三、三〇日
立上武三編『大連実業野球団二十年史』安藤商店、一九三一年
谷口五郎「久留米歩兵第五六連隊チーム」『野球界』一三巻一〇号、一九二三年八月

「競技の人」から「体育の人」へ

10 宮畑虎彦〔みやはたとらひこ〕

生い立ち

宮畑虎彦（一九〇三～一九八八年）は一九二〇年代前半に日本を代表する水泳選手として活躍し、その後は戦中・戦後を通じて指導者として体育・スポーツの発展に貢献した。一九二〇年代後半から終戦直後まで満洲で体育・スポーツに携わった宮畑のキャリアからは、当時の満洲の体育・スポーツの情景をうかがうことができる。

宮畑は一九〇三年、高知県四万十川の河口にある下田（現在の四万十市下田）に生まれた。川と海に近い下田の子どもたちは幼い頃から泳ぎを覚えたが、宮畑は四年生の頃まで泳げなかったという。泳ぎ始めたきっかけは、担任の先生に泳げるかどうかを尋ねられたことだった。「少し泳げます」

と答えてしまった宮畑は、嘘にならないように慌てて泳ぎを練習しに行ったという。少年時代は特に運動に秀でていたわけでなく、体が弱いというコンプレックスをもっていた。

高知師範学校へ進んだ頃から「一生の間に一度でよいから一七・五貫（六五kg）になってみたい」という思いを抱いて身体鍛錬に目覚め、自彊術（健康体操）や冷水浴、長距離走などを実践した。三年の時にはボートや水泳などの課外活動に本格的に取り組み、競技の道へと進むこととなる。宮畑が体育指導者を志したのは、虚弱だった自分の身体が強健になっていく過程を実感したからでもあった。彼は優れたスイマーであり、日本代表チームを率いるコーチも務めた「競技の人」でもあったが、よりよき人生のための身体づくりへの切実な思いをもつ「体育の人」でもあった。

水泳選手としてのキャリア——極東大会とオリンピック

一九二二年、高知師範学校から東京高師へ進み、水泳で頭角を現した。高知師範時代に覚えたクロールは、当時はまだ新しい泳法であり、いち早くクロールを体得したこともトップスイマーへの道をたぐり寄せる一因となった。一九二三年、大阪で開かれた極東大会に出場し、オープン競技の四〇〇M自由形で優勝した。一九二四年のパリ五輪では一〇〇M自由形、四×二〇〇M自由形リレーに出場し、一〇〇M自由形は予選落ち（一次予選三位）だったが、高石勝男らと臨んだ四×二

図10-1　パリ五輪出場時の宮畑（左から３人目）（朝日新聞社編『アサヒスポーツ』２巻15号、1924年８月15日）

〇〇Mリレーでは四位に入った（図10-1）。

一九二六年、東京高師を卒業後、香川県多度津中学校で教鞭をとることとなるが、一年後には岡部平太（3）の誘いにより大連第一中学校へ異動した。直前には大谷武一から大阪の中学校へという話や田畑政治から浜松一中へという話も受けていたが、岡部の誘いに躊躇なく満洲を選んだという。すでに満洲には体育関係の先輩たちが幾人も移住しており、満鉄に入れるかもしれないという期待もあったためだった。

満洲では大連一中での指導のかたわら満洲体育協会の仕事もし、中等学校やＹＭＣＡなどを含めた満洲体育界の組織化に労をとった。一九二七年に上海で開催された極東大会では水泳監督を務め、一九二八年のアムステルダム五輪にも役員として参加している。このアムステルダム五輪では鶴田義行が初めての金メダルを獲得し、さらに一九三二年のロサンゼルス五輪では男子は六種目中五種目で金メダルを獲得するなど、日本は水泳王国へ成長を遂げる。

満洲での活動――大連一中〜関東庁体育研究所〜大連中〜関東州庁学務課

宮畑は、自由主義の広がった時代に創設され、「自律」をモットーとする大連一中の自由な校風のなかで個性豊かな生徒たちと交流したことを振り返っている。着任当初は振るわなかった大連一中のスポーツも、宮畑の指導の下で五年後には水泳を除いてすべての競技で全満大会優勝を成し遂げることとなった。宮畑の専門だった水泳が唯一の例外だったことについては、宮畑自身「水泳についてはは私の注文がきつすぎたし、批判的でありすぎたせいと大いに反省した」と記している。

大連一中着任から五年を経た一九三二年四月、宮畑は旅順にある関東庁体育研究所に職を転じた。この頃には満洲で生涯を過ごす決心をしていたようである。一九三〇年の極東大会に際して上京したおりに大谷武一から東京高師に戻るよう指示されたが、これを断った。一九二七年の極東大会や一九二八年のアムステルダム五輪で金を使い、経済的にも満洲で生活をする方が得策と考えたようである。くわえて、岡部平太のあとを継いで満洲の体育を牽引しなければならないという思いも芽生えていたようで、気持ちのうえでも「だんだん満洲の人間に育って行ったかと思う」と振り返っている。

一九三四年にはテニス選手として名を馳せた太田芳郎の誘いに応じ、新設の大連市立大連中学校に着任することとなった。ちなみに太田は英語担当だった。大連には一中、二中の二つの官立中学

図10−2　大連中学校で体操を指導する宮畑（1937年）（『満洲日日新聞』1937年1月29日）

校があったが、満洲事変後の人口の増加に対応すべく中学校の増設が必要になっていた。関東州庁が増設に応じなかったため、大連市が市立中学校の設置を計画したものだった。

宮畑は新しい学校の運動場を一から構想し、校内競技の実施方法を工夫するなど、学校における体育・スポーツの位置づけを確たるものにしていった。ただし、学校自体の雰囲気は時勢を反映して全体主義的であり、個性的・創造的な活動は見られなかったという。大連中学校では学校教練に力が入れられ、一九三五年頃からは配属将校が赴任した。宮畑は、「教練というのは、命令する教科で、生徒の独断専行は許さない。生徒たちは、まちがって叱られるよりは何もしないで待っているという態度をとるようになった。スポーツにはよくない態度である」と、教練でほめられるのに比例して、スポーツでは気の利いたプレーができなくなっていった生徒の姿を振り返っている。

大連中学校では、体育主任、衛生主任、運動部長として生徒たちに向き合うこととなった（図10−2）。生徒たちの健康状態を把握するため、特に胸囲の測定を重視し、「裸になった胸を見ると満洲生まれの者と日本内地生まれの者ははっきり区別ができた。それほど満洲生まれの子どもたちは貧弱な胸をしていた。プールのある小学校や大運動場〔大連運動場〕プールの周辺に住んでいる子ども達も胸の形で他と見分けられた」というように、運動習慣や生活習慣が発育・発達に重要であることを肌で感じていた。

大連中学校では対校競技が生徒たちの伝統校に対する劣等感を払拭する場として捉えられた。宮畑は勝つことを目標として運動部の組織や指導にあたった。校長は運動部の数を制限して、少数の強い部を作る方針だったが、宮畑は生徒の希望に応じて部を作らせた。この頃、学校の体育施設充実費として年間一万二〇〇〇円が拠出され、宮畑がこれを自由に差配したというが、現在の価値で一〇〇〇万円近くになるだろうか。

一九四〇年八月、宮畑は関東州庁学務課教育主事（関東体育研究所主事）となる。関東州体育大会（兼明治神宮大会派遣選手予選）の開催や明治神宮大会への派遣（一九四二年まで）なども体育研究所によって行われた。宮畑は関東州庁での自身の仕事について、行政という面では非常に欠けていることを痛感したと振り返っている。特に社会体育については難しさを感じていたようだ。満鉄では職場体育を実践していたが、その外には「多数の放任された満洲人がいて、なかなか手がつけられなかった」、あるいは一般市民に体育をやらせるには集めること、組織することから始める必要がある、といったように、学校体育とは異なる難しい状況に言及している。

体育研究所はレントゲン室などを備え、結核への予防・対応などを含めた健康相談所を開設していた。宮畑によれば、関東州では日本内地の府県に比べ、よいと考えられることがあればすぐに実施でき、結核対策などは先進的だったという。また、体育研究所では在満日本人と中国人の体格・体力の調査をしたが、宮畑はこれに関して以下のような見解を示している。一九二八年頃には中国人生徒の体力は日本人に劣っていたが、一九三一年頃までに非常に向上し、中等学校生徒だけの部分的な調査ではむしろ中国人の方がずっと強くなっていた。しかし、一九四二〜一九四三年頃には「どうしてこうも弱くなったのかと思うほど、数年の間に中国人が弱くなって」おり、この原因として体育教師が全部日本人教師であったから中国人が強くなることを不安がる人が多くいたことを挙げている。この時期に在満日本人への取り組みが強化されたためかもしれないが、宮畑は両者の差が開いたことを実感として示しており、個人的な見解の域を出ないとしつつも、中国人と日本人を区別する教師がいたことを示唆している。

終戦〜帰国、戦後の活動

日本の敗色が濃くなる一九四五年、宮畑は内地の上級学校へ進む予定の満洲北支の青年たちとともに飛行機の滑走路を造る仕事に従事した。日本が降伏すると大連市政府教育局の社会教育課に籍を置き、三年間を大連で過ごした。戦後の混乱期でも、スポーツの場で知り合った仲間が多かったおかげで中国人の町や市場を平気で歩くことができたという。引き揚げて日本に帰国したのは一九四八年八月のことだった。翌一九四九年六月、大谷武一の推薦によって、新制大学の発足とともに金沢大学に職を得た。その二年後、一九五一年四月、文部省視学官となり東京へ転勤となった。金沢時代にはGHQ／SCAP（連合国軍最高司令官総司令部）のCIE（民間情報教育局）が主催するIFEL（教育指導者講習）に三カ月の間参加し、その後CIEナショナルリーダーとして四カ月間のアメリカ視察に赴くなど、新しい時代の日本の体育教育を担う人物として期待されていた。しかしながら、宮畑の手記からは、金沢大学在職中から文部省に移ってすぐのこの時期は、父親の死去などもあってか仕事への情熱はあまり感じられない。

一九五六年のメルボルン五輪の年には、日本水泳連盟の会長をめぐる騒動に巻き込まれた。当時の水連会長は田畑政治だったが、任期満了に伴い新たな会長を求める勢力と、引き続き会長を務める意欲満々の田畑との間で軋轢が生まれた。宮畑は反田畑勢力に担がれるかたちで会長選挙に出馬することとなったが、結局選挙は回避され、会長田畑、専務理事宮畑ということでおさまった。しかし、水泳連盟の勢力争いは継続しており、また文部省は専務理事兼務に反対であったため、宮畑は水泳連盟理事を辞め、その後、文部省からも去ることとなる。一九五九年から東京学芸大学教授、定年退職後は日本女子体育大学教授として研究・教育を継続した。水泳に関する著書だけでなく、『学校体育の管理』や『身体運動の科学』など体育学・運動学の領域にまたがって著書・訳書が多数あり、『体育の科学』や『新体育』などの体育雑誌にも多くの著述を見ることができる。

（佐々木浩雄）

参考文献

宮畑虎彦「体育の経験(一)〜(一二)」日本体育学会編『体育の科学』一二(一)〜一二(一二)、一九六二年一月〜一二月

11　小谷澄之〔こたにすみゆき〕

「日本」の壁にぶつかり続けた海外柔道指導者

異色の十段

講道館一三八年の歴史で十段に到達した人物はわずか一六人しかいない。小谷澄之（一九〇三～一九九一年）はそのなかの一人であり、個性的な経歴の持ち主である。それは一つ目に彼が柔道以外にもレスリングと合気道を学んでいたこと、二つ目に戦前から世界中で柔道指導をしていること、そして三つ目に第一部のテーマである満洲で活躍した柔道家であることである。

ここではこの三点に着目して、小谷を論じてみたい。

レスリング選手としての小谷澄之

小谷は一九〇三年八月三日、兵庫県で生まれる。御影師範学校に進学した小谷は柔道部に入部すると頭角を現し、一九二二年の全国中等学校柔道優勝大会では主将として同校柔道部を優勝に導いている。その結果、東京高師に入学し専門的に柔道を学ぶことになる。その後、一九二六年には明治神宮大会の青年組四段の部で優勝を果たす。一九二七年三月に東京高師を卒業し、翌四月には熊本の五高で予科教師となる。満洲に渡るのはその二年後のことで、一九二九年に満鉄に入社する。

図11−1　**ロサンゼルス大会のレスリング代表時の小谷（前列左から２人目）**（小谷澄之『柔道一路』）

一九三二年三月、小谷はレスリングの日本代表としてロサンゼルス五輪に参加する（図11−1）。小谷がレスリング選手としてオリンピックに参加した背景には、彼が学生時代に内藤克俊（一八九五〜一九六九年）からレスリングの手ほどきを受けていたことがある。

内藤もまた帝国日本を代表するアスリートであった。内藤は広島県生まれだが、一〇歳になる前に父母が他界したことから、長姉を頼って台北に移住する。内藤は台湾武徳会で柔道を学んだ。その後、鹿児島高等農林学校を経てアメリカのペンシルバニア州立大学に留学し、そこでレスリングと出会う。一九二四年に開かれたパリ五輪では当初レスリングのアメリカ代表として参加する予定だったが、排日移民法が制定された直後であったことから、急遽、日本代表として参加することになった。結果、銅メダルを獲得している。帰国後、内藤は日本各地でレスリングの講習会を開くことになるが、その講習会に小谷は参加していたのである。

小谷は体重的にはライト級の選手だったが、他の選手との兼ね合いもあり、二階級重いミドル級で出場することになる。結果は五位でメダルには届かず。しかし、一介の柔道家におさまらないこうした小谷の多彩な運動経験は、のちに満洲国の体育行政に深く関与していくことを予感させるものであった。

柔道の海外指導——ヨーロッパと南米

さて、このロサンゼルス大会時にも空いた時間に日本移民へ柔道指導を行っていた小谷であるが、満鉄在籍中、他に二度、海外指導を行っている。一度はヨーロッパ、もう一度は南米である。

一九三三年五月から一二月にかけて小谷は講道館館長の嘉納治五郎に随行し、ヨーロッパ各地で柔道指導をした。嘉納は小谷を「自分の理想とする柔道を修得した」弟子と評価していたといわれるが、これが小谷を随行させた理由の一つだと思われる。

ただし嘉納一行のヨーロッパ行脚は柔道指導だけが目的ではなかった。嘉納はＩＯＣ総会に出席し、一九四〇年の第一一回大会を東京に招致することも旅の目的としていたのである。小谷は小谷で渡欧直前の一九三三年五月一九日に満洲日報の記者に次のように述べている。

　今度の使命は来る十一回大会を是非東京でやるべく各国代表を勧誘すると同時に満洲国を加入させてはと云ふ重大なものでありますから私も滞在中、出来るだけ多く各国の代表と会つて勧誘する考へです。

（『満洲日報』一九三三年五月二〇日。傍点、筆者）

小谷の努力が実ることはなかったものの、満洲国は独立国家でありオリンピックに参加する資格があるとの意思を小谷がもっていたことがうかがえるエピソードだろう。

次に小谷が海外指導に赴くのは一九三九年五月から一二月にかけてである。場所は南米で、ブラジル、アルゼンチン、チリ、ペルーの四カ国を回っている。

南米は日本移民が多い地域であった。なかでもブラジルでは一九三〇年代以降の同化政策で日本移民の日本語教育を禁圧するようになるが、こうしたなか日本移民は二世教育を充実させるため、一九三三年六月に伯国柔剣道連盟を組織した。その結果、同連盟を基盤として日本移民はブラジルで武道を盛んに行うようになった。なかにはグレイシー柔術との興行試合に挑む日本人柔道家も見られた。帰国後、小谷は満鉄社員会の機関誌『協和』に「南米柔道使節の旅より帰りて」という報告文を寄せているが、これによると「この地〔ブラジル〕において、柔道を興業《ママ》的にやつてゐる日本人がゐるといふ話をきいたことがある……こんな人間がゐては柔道の精神を毒するのみならず、ひいては日本精神を外人に誤解させる原因となる」と述べている。

また、ペルーでも日本移民によって武道は定着し始めていたが、なかには下品な野次を飛ばす者もいて、現地でも「セカンド・ジャパニーズ」と呼ばれ、嫌われていたという。小谷は先の報告文で「外国における排日運動の直接動機を作る分子はこの人間達である」と述べている。

このような状況では、現地の人々はおろか、日本移民相手であっても柔道の精神を理解してもらうことは非常に困難なことであった。小谷は言う。

各地を通じて一番困つたのは「柔道は単なるワザにあらず、道の修業であり精神の修養である」ことを理解させることであつた。難しいことをいつても判るまいと思つたが、とに角、難しい事だ——といふことだけでも判ればよいと思つたので、柔道の精神、日本精神といふことについては、特に力を入れて高唱した。

（小谷澄之「南米柔道使節の旅より帰りて」『協和』二六〇号、一九四〇年）

さらに海外で柔道指導を困難にさせていたのは、各地の力自慢である。小谷は海外指導で現地の力自慢と戦い、柔道の実力を見せつけなければならない場面も多かったようである。小谷は「他流試合というか、審判員はおらず、一本と言ってくれる者がいない。どちらかが降参するまでの試合である。しかし、乱暴をしたり、負傷をさすようなことはできない。海外に柔道を普及させることは、なかなか大変な仕事である」と述懐している。おそらく海外でのこうした経験から、小谷は相手を傷つけず降参させる方法を求めて植芝盛平から合気道を学んでいた（図11-2）。柔道の海外指導に合気道がどう関与していたのかは、一九三〇年代以降の柔道の海外伝播を考えるうえで一つの視点になりうるだろう。

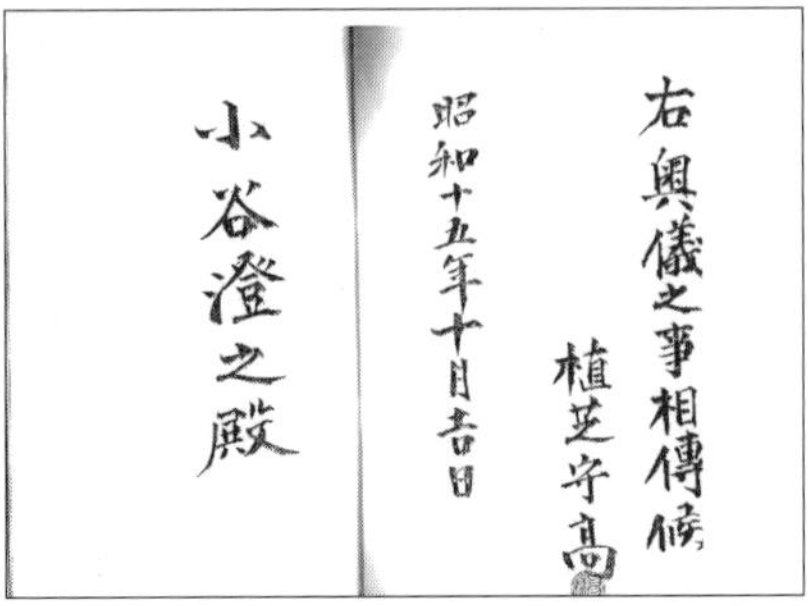

図11−2　小谷が植芝より「武道」（私家版）を与えられたことがわかる（志々田文明所蔵の複写を転載）

小谷と満洲帝国武道会

小谷は満鉄以外にも民生部厚生司体育科長などを歴任しており、満洲国の体育行政に大きな足跡を残している。その一つが神武殿の設立である。一九四〇年一一月に新京に設立された神武殿は当時、日本内地にも存在しなかった総合型の武道施設であり、柔剣弓道のみならず、角力《すもう》道場、合気道場などあらゆる武道種目の道場を完備していた。ちなみに神武殿の施工にあたったのは竹中工務店であるが、同社はのちに日本武道館の建設も請け負っている。

さて、小谷は満洲の武道を発展させるべく満洲帝国武道会の活動にも尽力する。武道会は一九三四年に満洲国が国策として柔道、剣道、弓道などを束ねる組織として設立し、以来、満洲の武道事業の中心的な組織となった。日本では一九四二年三月に大日本武徳会を政府外郭団体へと改組し、武道の国策化が図られたが、満洲ではそれに先んじて武道の国策化を実施していたのである。

満洲では武道会設立以前から武徳会支部や講道館有段者会などが活動していた。武道会はこれら既設の団体と連携して満洲の武道界の発展を試みていたが、武徳会とは称号の変更（範士、教士、練士から教監、教正、教佐へ）、段位発行権（三段までの発行資格）をめぐって衝突する。この衝突において武道会を代表して武徳会と折衝を重ねたのが小谷であった。

小谷は言う。武徳会は「満洲に武徳会の満洲本部」をおいて日本武道を普及せよというが、それは満洲国が国策として設立した「武道会の趣旨をはき違えへるもの」である。武道会は武徳会と連携をとり合い助長したいのである。そのため、「階級賦与権限」についても今は便宜的に武道会が「三段以下の段位」まで与えているが、その段位を武徳会の方で公認してほしいと考えているのである。武徳会は武道会が勝手に段位賦与していると言うが、全くの誤解である。

これに対し、武徳会満洲支部の万田勝久は「日本の武道に満洲独自の立場がある筈はない」と抗弁した。この後、武徳会は内地で政府外郭団体へと改組されることになり、武道会と折衝する余裕がなくなる。一九四三年五月に発行された『満洲帝国武道会要綱』では独自に制定した称号が用いられていることから、武道会は武徳会には従わなかったようである。

満洲国時代の小谷は、満洲国の立場を堅持する難しさ、日本文化として柔道を海外普及する難しさにぶつかり続けたのであった。

（中嶋哲也）

参考文献

小谷澄之『柔道一路』ベースボール・マガジン社、一九八四年
「武徳会と武道会派時局をよその対立あす表面化か」『満洲日日新聞』一九四二年一二月二日

12　星名秦〔ほしなしん〕

生い立ち

一九〇四年五月二〇日、星名秦は、米国テキサス州ヒューストンで父謙一郎、母ヒサの長男として出生した。両親は、牧場と水稲づくりに明け暮れるなか生まれた秦を「テキサスっこ」であることから「テキ」という愛称で呼んだ。

秦が三歳のとき、一家で帰国、五歳になるまで松山の医家（父方親族）に寄寓し、親類縁者に囲まれ何不自由なく暮らしていた。が、野心家だった父謙一郎は、母ヒサと秦、そしてまだ幼い長女幸子を残し、単身渡米、さらにその後ブラジルに渡った。謙一郎は在ブラジル邦字新聞『週刊南米』の発行で成功し、私費で日本人学校や日本人墓地を建設、現地で碑が建つほどの名望家となったが、二度と故国の地を踏むことはなかった。

謙一郎が去った星名家は、ヒサが同志社女子専門学校の家庭科教授に迎えられたことで、京都で暮らし始めた。ヒサは教授業のかたわら秦を厳しく躾け、クリスチャンの教えを徹底して説いた。秦は京都師範附属小学校、京都府立第一中学校、そして三高と、順調なエリートコースを辿った。

三高蹴球部の望月信次は、柔道部の稽古を見学していた細身だが背の高い星名に目をつけ、「とにかく、ラグビーをやれ」と半ば拉致に近いかたちで入部させた。当時の蹴球部は同時に陸上部を兼ね、春〜秋までが陸上、冬季にラグビーを行うという総合型のスポーツクラブだった。母ヒサからは「運動選手というものは、勉強そっちのけで、やくざとおんなじものですよ」とたしなめられたが、秦は両耳がキクラゲのように変形するまでラグビーと陸上に明け暮れた。ヒサの小言から逃れるように、二年に上がってからは寮に入り、ますますスポーツにのめり込んだ。

京都帝大時代

京都帝大に進んだ星名は、工学部機械科に籍を置き、落第しない程度に学業に取り組みながら陸上とラグビーに打ち込み、その双方で大きな成果を残した（図12−1）。

陸上では大学四年の夏、極東大会の五種競技で優勝した。補欠選手として参加した星名だったが、当時の新聞で織田幹雄と同等に扱われ、大々的に報道された。男子五種競技はこの大会を最後に廃止になったため、「星名秦」の名は最後の記録保持者として陸上界に刻まれることになった。

またラグビーでは、大学四年の冬、星名が中心となって洋行帰りの香山蕃《かやましげる》を指導者として招き、全国大会で初の日本一の栄冠を手にした。

星名には、周囲を巻き込んで組織や集団ごとポジティブにしていく不思議な魅力があった。工学部機械科は授業のほかに実験や演習などで忙しく、かつ、終了時間が延びることが珍しくなかった。

図12−1　京都帝大400Mリレーメンバー時の星名（1番右）
（星名直子『星名秦の生涯』）

北白川のグラウンドまで一キロほどあり、更衣などを含めると、三時に授業が終わったとしても三時一五分の練習開始に間に合わない。ラグビーの全体練習は人数がそろわなければ効果が薄れる。星名は、昼休みに練習着に着替え、その上から制服を着て授業を受け、三時の終業と同時に制服を脱いでグラウンド目指して駆け出したという。これを他人に強制せず、ただ自らのラグビーへの真摯さとして実行した。他者に寛容で、自らに厳格な星名の合理精神は、チームメイトや同級生の心を打ち、星名やラグビー部への理解、協力、応援の輪は自然と広がった。

満鉄時代

星名の満鉄入社に際し、岡部平太（3）は「ラグビーの名選手である許りでなく陸上競技でも有数な人である」と満洲スポーツ界への貢献に大きな期待を示した。一九二八年四月、京都帝大卒業と同時に満鉄に入社した星名は、一〇月には五地方対抗陸上競技大会で三段跳に出場、一九二九年一一月には岡部が設立した満洲ラグビー蹴球協会の競技委員となるなど、満洲のスポーツエリートとして歩み始めるかに見えた。星名も一九三一年元旦、大連新聞に文章を寄せ、満洲の若者の現状を憂い、「日本を背負つて立つ可き身心共に健やかなる若人」「ザットオブマンチュリヤは満洲の若人達の満洲ラグビーに対する熱と誠意とによつて新しく作り出されねばならない」と、ラグビー振興による人材育成を主張した。しかし、星名はスポーツエリートとしてではなく、満鉄のエリート技術者として、学生時代のスポーツの成果がかすむほどの活躍を見せることになる。

一九三四年、異例の大抜擢で二年間の欧州留学を命じられ、ドイツに渡った。当時最新鋭のディーゼル機関車の技術を学んで帰任すると、超特急「あじあ号」の設計に参画するなど、技術者として満鉄に欠かせない人材に成長した。一九三六年、大連機関区の技術主任に就いた星名は、科学的検査の導入と前例にとらわれない人員配置で業務の合理化を徹底した。自らも率先して現場に立ち、誰も真似できないほど働いたかと思えば、部下と一緒に入浴しながら「荒城の月」を高らかに歌い、また夜は睡眠時間を削って管理者としての事務処理に費やした。ラグビーで鍛え抜かれた身体と技術者・管理者としての知性を兼ね備えるにもかかわらず、謙虚に現場に立って仲間とともに汗をかき、仲間とともに入浴して汗を流す「テキさん」こと星名主任を信頼しない者はいなかった。

一九三七年、大連機関区技術主任から奉天鉄道局運転係長を経て、当時東洋最大規模（従業員約二〇〇〇名）であり、かつ、無事故走行距離全国最下位（最長無事故走行日数は一〇日間）であった難物の大連機関区長に昇進した。星名はそこでも科学的業務改善、合理化策を徹底した。結果として無事故走行距離三二〇万キロ、無事故日数二八〇日を達成し、機関区では記念のバックルが特製されて全員に配られた。星名には満鉄総裁から賞状が授与された。

星名は、どこでもあらゆる部下を愛し、大切に処遇し、決して差別は許さなかった。日本人従業員が満人（中国人）雑役夫をショベルで殴打して入院させる事件を起こした際も、加害日本人従業員を三カ月の出勤停止と減給という前例もない厳罰に処し、満人雑役夫を一人で見舞った。

満洲各地の鉄道局を総括監督する鉄道総局運輸局運転課長として奉天に在勤した一九四一年一二月、日本はアジア太平洋戦争に突入、満鉄も戦時体制然となり、以来、関東軍の輸送を担当することになる。米国の国力を知悉するこの頃の星名は、近しい部下や家族に対して、「勝てるわけがないよ」と漏らし、訳もなく当たり散らすなど、苛立ちを隠さなかったという。一九四五年八月一五日、避難先の梅河口で玉音放送を耳にした星名はすぐに新京にとって返し、奉天に残してきた自分の家族の安否確認よりも優先して、満鉄の全従業員とその家族の安全対策に取りかかった。

ソ連軍占領下の大陸で

ソ連軍は戦後ただちにハルビンに軍司令部を、新京に「長春鉄路局」を設置した。ソ連軍の使命は、満洲に残された工場設備、物資を含む資産を本国に輸送する「ダワイ（よこせ）輸送」であり、現実問題として旧満鉄社員の力が不可欠であった。ソ連軍が派遣した局長は星名を副局長に指名し、自らの補佐にあたらせた。星名は、全面的に協力することと引き替えに、第一に従業員とその家族の生命・安全の保障、給与の支給、冬期暖房用石炭の供与などをとりつけた。また、北満や東満地方から新京や奉天に着の身着のまま辿り着いた避難民の救済に腐心した。

局長の星名への信頼は厚く、「ガスパジン（ミスター）・ホシナ」と呼んで敬意を表したが、住居となった旧満鉄総裁邸の門は常にソ連兵によって警備（つまり軟禁）された。終戦から留用の任を解かれるまでの約一年半、三高・京都帝大時代の後輩や旧部下を含む多くの邦人が星名を頼って訪れた。星名は、十分な食事と風呂、新しい衣服や身分証明書を与え、小銭をもたせて家族の許へ送り返した。一九四六年末、激務によって吐血を伴う胃痛を患い、完全な白髪となった星名は留用を解かれ、奉天の家族と再会、ともに佐世保港より帰国した。

帰国後第二の人生

星名は京都に戻り、半年間の療養期間を経て、恩師の西原利夫京大工学部教授の勧めで京大工学部の講師に就いた。一年後の一九四八年から同志社高専教授、翌四九年から同志社大学工学部教授となり、工学部長を三期務めた。工学部長としての星名は、大学教育事業の勘所は教授陣の充実にあると確信し、若手研究者の学位取得を奨励、業務量を倍増させる夜間部を廃止して教員の研究時間確保に腐心した。西原はことあるごとに、研究歴がなかった星名に学位取得を勧め、星名はその助言通り京大に博士論文を提出、五一歳となった一九五五年四月、工学博士の学位認定を受けた。一九六六年、星名は推挙されて同志社大学学長になり、田辺新校地の取得に尽力した。

大学経営や学部組織を束ねる長としても才覚を発揮し、出世する星名だったが、自らが工学研究者として力量不足であることを明確に理解していた。だからこそ、同志社大学ＯＢの橘辰夫に「テキさん、同志社のラグビーの面倒をみてくれませんか」と頼まれて以来、学生ラグビーの指導に没頭した。一九四八年から同志社大学で指導を始め、岡仁詩を体育科教員として迎え後継者に育てた後、一九六〇年からは母校京大のラグビー部のグラウンドに立った（図12-2）。

一九六〇年代に入ると、星名は日本ラグビー協会の競技規則制定委員、技術委員、普及指導委員

図12−2　学生ラグビー選手を指導する星名秦（同前）

を歴任し、国内におけるラグビー振興にも大いに寄与した。国外のラグビー関連書籍を取り寄せては翻訳して関係者に配布し、近代ラグビーの世界的なトレンドを理解させることに努めた。一九六四年、同志社大学は第一回日本ラグビー選手権に優勝、また星名が考案し、早大監督大西鐵之祐が実現したとされるフルバックのフォーメーション「カンペイ」は、一九六八年日本代表のニュージーランド遠征において威力を発揮したとされる。しかし、実業団からの指導依頼には頑として応じず、終生学生ラグビーの指導を貫いた。

星名の教え子たちは卒業後、それぞれの職場でラグビー普及や指導に関わり、星名の法灯を受け継いだ。新日鉄釜石を日本一のラグビーチームとして育てた市口順亮をはじめ、同志社大学、京大を問わず、みな「星名学校」ＯＢを自称して憚らない。教え子らの活躍を至上の喜びとした星名は、謙遜しながらもその呼称を甘受した。

一九六一年四月、母ヒサの教え子で満鉄赴任の翌年から連れ添ってきた妻梅子が心臓発作で急死し、二年後に田中直子と再婚。肺結核にかかって学長を辞した後、晩年は静養用にと南軽井沢に購入した小さな山荘で直子とのんびり過ごした。山荘はラグビー合宿等で来た後輩が大勢訪ね、いつも賑やかだったという。一九七七年九月二六日、京都市の自宅にて永眠。享年七三歳。

（東原文郎）

参考文献

星名秦「熱と誠意で敢然とすゝめ奮起せよ満洲の若人ラグビー所感」『大連新聞』一九三一年一月一日
星名直子『星名秦の生涯』春秋社、一九八七年
「京大ラ式選手星名泰《ママ》君満鉄に入社」『満洲日報』一九二八年二月一九日

13　田部武雄〔たべたけお〕

一九〇六年、田部は広島市に生まれた。小学校のとき、次兄謙二の手ほどきで野球を始めた。謙二は一九一五年の第一回「甲子園」大会に広島一中の選手として出場している。一九二〇年に広陵中学に入学、野球部に入るが、一年で退学した。複雑な家庭の事情が原因という。田部は長兄真一のいる満洲に渡った。真一は野球チーム営口実業団の主将をしていた。田部はさっそく実業団の主力選手として活躍したが、一年で営口を去った。

一九二三年、田部は奉天実業団でプレーしていた。これまで遊撃手を務めることが多かった田部だが、奉天実業団では投手としても起用された。関東州外野球大会決勝戦で登板し、奉天実業団に二度目の優勝旗をもたらしている。

翌一九二四年、田部は大連実業団（以下、実業）に入団した。営口、奉天での活躍が買われたのだろう。田部の初陣は八月の京都帝大戦だった。第一戦に八番セカンドで出場、第二戦ではマウンドに上がり一二回を完投、実業の勝利に貢献した。田部の投法は変則的でタイミングをあわせづらかった。秋には谷口五郎（9）が加わり、実業は全盛期を迎え、一九二五年と翌年の実満戦を制した（図13）。

田部の影響もあってか、広陵中学から次々と野球選手が来満した。一九二五年卒の沖倉一、一九二六年卒の筒瀬茂夫、土肥常夫、上原穣、一九二七年卒の吉岡末蔵、牧野明治、田岡兵一らがそれである。野球人のネットワークを通して、優秀な選手が内地から満洲に移動するだけでなく、満洲から内地へも移動していった。

一九二八年春、田部は明大に入学する。実業の中島謙、安藤忍（いずれも明大出身）が田部の才能を惜しみ、明大の小西得郎に推薦したという。ライバル満倶の監督中沢不二雄（5）も田部の明大行きを支援した。ただ、明大に入学するには中学校の卒業資格が必要だった。田部は一九二七年春に広陵中学に復学、四年に編入した。

図13　大連実業団時代（1925年）の田部武雄（宮崎愿一、安藤忍、立上武三編『大連実業野球団二十年史』安藤商店、1932年）

田部はさっそく選抜中等学校野球大会にエースとして出場した。すでに二〇歳を超えていたが、彼の出場を阻む規定はなかった。決勝まで進み、和歌山中学と対戦するが、三対八で敗れた。

五月二八日、田部は大連に現れた。今度は実満戦に参加しようというのだ。満倶は抗議したが、出場は認められた。しかし、実満戦三連覇はならなかった。勝ち越した満倶は第一回都市対抗野球大会に優勝した。一方、実業は九月に内地へ遠征、田部はそのまま内地にとどまり、翌春明大に入学した。

田部は遊撃手として最初のシーズンから暴れ回り、明大のリーグ二連覇に貢献した。翌年四月、明大野球部はアメリカ遠征に出発した。遠征の後半はヨーロッパ漫遊の旅となった。その反動から か、明大にとっても、また田部自身にとっても秋のシーズンは低調に終わった。

一九三一年春リーグでいわゆる八十川ボーク事件が起こった。審判の判定に納得できない明大応援団は慶大の監督と選手に暴行、明大はリーグ戦辞退に追い込まれた。ハワイ遠征を終えて、田部は最後となる秋リーグに臨んだ。田部は投打にわたって活躍したが、あと一歩で優勝を逃した。

一九三二年春、田部は明大を卒業する。古巣の実業から誘いを受けたが、田部は社会人野球の名門藤倉電線を選んだ。夏、田部は東京倶楽部の一員として都市対抗野球大会に出場した。スター選手をそろえた東京倶楽部は三連覇も確実と見られていた。ところが一回戦で全神戸の木村秀一投手に抑えられ、よもやの敗戦を喫した。田部も自慢の足を完全に封じられた。求婚した相手に断られるという不幸も重なり、田部は失意のうちに東京を去った。

九州の鉄道会社で働いていた田部を野球界に連れ戻したのは三宅大輔だった。一九三五年一月、田部は大日本東京野球倶楽部（のち東京巨人軍）と契約した。なぜ二九歳にもなる田部が必要とされたのか。彼の打撃、守備、とりわけ走塁は他者を寄せつけないものがあった。今日のイチローのような役回りだったのであろう。

巨人軍は二月末にアメリカ遠征に出かけた。田部はこの遠征で、打って、守って、走りまくり、マウンドにも上がった。田部の打率はチーム二位、さらに一〇五の盗塁を決めた。一年後に巨人軍は二度目のアメリカ遠征に出かける。巨人軍の内紛に巻き込まれていた田部は、遠征後に他球団に移籍するつもりだったが、巨人軍首脳によって移籍を阻まれた。

日本の球界に足場を失った田部は、一九三六年初夏に満洲に戻った。しばらく野球と離れていた田部だが、一九三七年春に実業のユニホームを着ることになった。

野球は僕を有名にしてくれたがまた僕の身を破壊しました。然し僕はボールが好きでどうしても止められないのです。大連に来たことはその意味でい丶ことです。更始一番大いにやりますよ。

（『満洲日報』一九三七年三月一〇日）

一一年ぶりに大連球界に復帰した田部の言葉である。一九三八年に結婚して家庭を築き、幸福な日々を過ごしていた。一九四〇年、実業は久々に都市対抗野球大会出場を決めた。全旭川、撫順満倶を破り、準決勝で八幡製鉄と対した。田部は先発を務め、五回を一失点に抑えた。決勝は全京城。やはり田部が先発した。田部は一点を失った五回に降板、〇対四で全京城に敗れた。

一九四二年、田部はなおも実業で活躍を続けていた。実業は戦前最後となる都市対抗野球に参加した。準決勝の大阪大同製鋼戦、田部は一番センターで登場した。三安打を放ったが、チームは五対六で敗れた。

一九四四年、三八歳の田部は召集令状を受け取った。田部が大連の妻子のもとに戻ることはなかった。一九四五年六月、沖縄の摩文仁海岸で戦死。一九六九年、田部の名は野球殿堂に刻まれた。

（高嶋航）

参考文献

菊池清麿『天才野球人　田部武雄』彩流社、二〇一三年

14　劉長春と于希渭〔りゅうちょうしゅん／リウチャンチュン　うきい／ユーシーウェイ〕

満洲国体育協会は百、二百及び八百、千五百米競争者二名を第十回オリムピックの盛典に参加せしめられんことを熱望す、追電を乞う。

一九三二年五月二〇日、満洲国体育協会が会長鄭《てい》孝《こう》胥《しょ》《ジェンシァオシュー》の名義でロサンゼルス五輪の組織委員会に送った電報の文面である。満洲国は同年三月に建国したが、まだどこの国からも承認を得られていなかった。国際社会に存在しない国である満洲国がオリンピックの参加を目指したのは、国家存在の事実を国際社会に認知させるためであった。劉長春と于希渭は、満洲国体育協会がオリンピックに派遣しようとした二人の選手であった。二人の運命は、この電報によって大きく変わることになる。

生い立ち

劉長春は一九〇九年一〇月一三日に大連市外の小平島で生まれた。一九二三年、劉は沙河口公学堂（現在の劉長春小学）に入学した。公学堂は関東州が運営する中国人向けの初等教育機関（修業年限は六年）である。翌年、劉は一〇〇Mを一一秒八、四〇〇Mを五九秒で走ったというが、この記録も含めて、一九二九年に瀋陽（奉天）の東北大学に入学するまでの劉の足取りについては、あやふやな点が多い。

一九二五年、劉は旅順二中（中国人向けの中学校）に入学するが、一年で退学し、ガラス工場で働く日々を送っていた。一九二七年、大連中華青年会主催の運動会での活躍で、劉の名は大連の中国人スポーツ界に知れ渡った。劉が大学に入ることができたのは、大連に遠征してきた東北大学のサッカーチームのメンバーが、偶然その駿足を目にとめ、東北大学への入学を勧めたからだった。

張学良《ちょうがくりょう》《チャンシュエリャン》が校長を務める東北大学は、スポーツに非常に力を入れていた。一九二九年に体育専修科が創設されると、劉長春はその一期生となった。同年五月末、東北大学で第一四回華北運動会が開催された。劉は一〇〇M、二〇〇M、四〇〇Mに優勝、特に一〇〇Mでは一〇秒八の中国新記録を出し、その名は一躍全国に轟いた。同年一〇月、張学良は東京の日独対抗競技に参加した日独の選手を招いて、国際陸上競技会を開催した。一〇〇Mと二〇〇Mで劉は日本の選手を抑え、ドイツの選手に次いで二位となった。張学良は中距離のベヒャー選手をコーチとして雇い、劉の指導にあたらせた。一九三〇年四月に杭州で開かれた全国運動会で、劉は短距離の三種目を席巻、翌月の極東大会に臨んだ。劉は大会で最も注目された中国人選手だったが、脚を痛めてレースを棄権した。

于希渭は一九〇九年一〇月二日に生まれた。生誕地の金州貔子窩は当時関東州に属した。貔子窩公学堂を卒業後、金州農業学堂に入学した。于の名を満洲の競技界に知らしめたのは、一九二八年九月に大連で開かれた州内外対抗学生競技であった。于は中等学校の部に出場、八〇〇Mを二分一〇秒六、一五〇〇Mを四分三七秒六で走って優勝した。その後、金州で教師をしていたが、一九三〇年冬から練習を再開し、一九三一年に馮庸大学に編入すると、五月に大連で開かれた中華運動会で八〇〇Mと一五〇〇Mに優勝、六月に奉天で開かれた国際運動場開きでは、八〇〇Mに二分一秒一、一五〇〇Mに四分一五秒四とさらに記録を伸ばした。これらの記録は中国記録を上回っており、中国のメディアでもそのように報じられたが、中華全国体育協進会の公認記録とはならなかった。実質的に、中国中距離界の第一人者となった于だが、経済的に大学生を続けることが困難となり、七月に金州に戻った。『盛京時報』には、来学期よりハルビンの体育専科学校に入る予定で、友人が政府に学費の援助を要請していると報じられた。

一九三一年九月一八日、満洲事変が勃発した。劉は東北大学の多くの学生と同じく、満洲を脱出し、北平（北京）に向かった。一方、于は金州で黙々と練習を続けていた。

選手としての活躍

一九三二年四月に非公式ながら成立した満洲国体育協会は、建国紀念運動会の開催とロサンゼルス五輪への選手派遣を最初の事業として実施することになった。いずれも関東軍の差し金による。早くも四月一三日付の『読売新聞』に「元馮庸大学中距離ランナー于選手」の派遣が報じられた。于によれば、恩師の岩間徳也からオリンピックへの参加を勧誘されたのは五月末のことだった。岩間は東亜同文書院の出身、一九〇五年に南金書院の校長に就任し、以来一九二九年までその職にあった。岩間は于が在籍した金州農業学堂の堂長も兼任していた。中国人同化教育に反対し、独自の教育を実践、中国人からも慕われていた。于もその一人だったのだろう。

満洲国体育協会は于だけでなく、中国短距離界のエース劉長春をも満洲国代表に加えようとした。中国側の研究では、劉の父親のところに、日本人と于がやってきて、劉が大連に戻ってオリンピックに参加すれば満洲国の役人になれると劉の父親を説得したという。

五月二〇日、満洲国体育協会は劉からの同意を得られないまま、劉と于を満洲国代表としてロサンゼルス五輪に派遣することを決定、ロサンゼルス五輪の組織委員会に参加を申請した。五月二四日、組織委員会から参加承認との返電があった。劉との交渉が実現しなかったことから、満洲国体育協会はついに劉の派遣を断念し、于希渭と監督一名の派遣を決定した（その後、日本に遠慮して于の派遣も断念した）（図14－1）。

中国はこれまで一度もオリンピックに参加したことがなく、今回も経済上の理由で選手派遣を見送っていた。しかし、満洲国の参加が現実味を帯びたことで、中華全国体育協進会は劉と于を中国代表としてロサンゼルスに派遣することを発表した。

七月八日、劉は中国代表のたった一人の選手として、ロサンゼルスへ向けて出発した。ロサンゼルス到着は七月二九日、開会式の前日だった。準備不足と旅疲れで、予選敗退に終わった（図14－2）。劉は怪我に苦しみながらも、記録を伸ばしていった。一九三三年一〇月の第五回全国運動会で劉は一〇〇Mと二〇〇Mに中国新記録（一〇秒七と二二秒〇）で優勝した。翌年五月にマニラで開かれた極東大会は予選落ちに終わったが、一九三五年には青島での練習会で一〇〇M一〇秒六をマーク

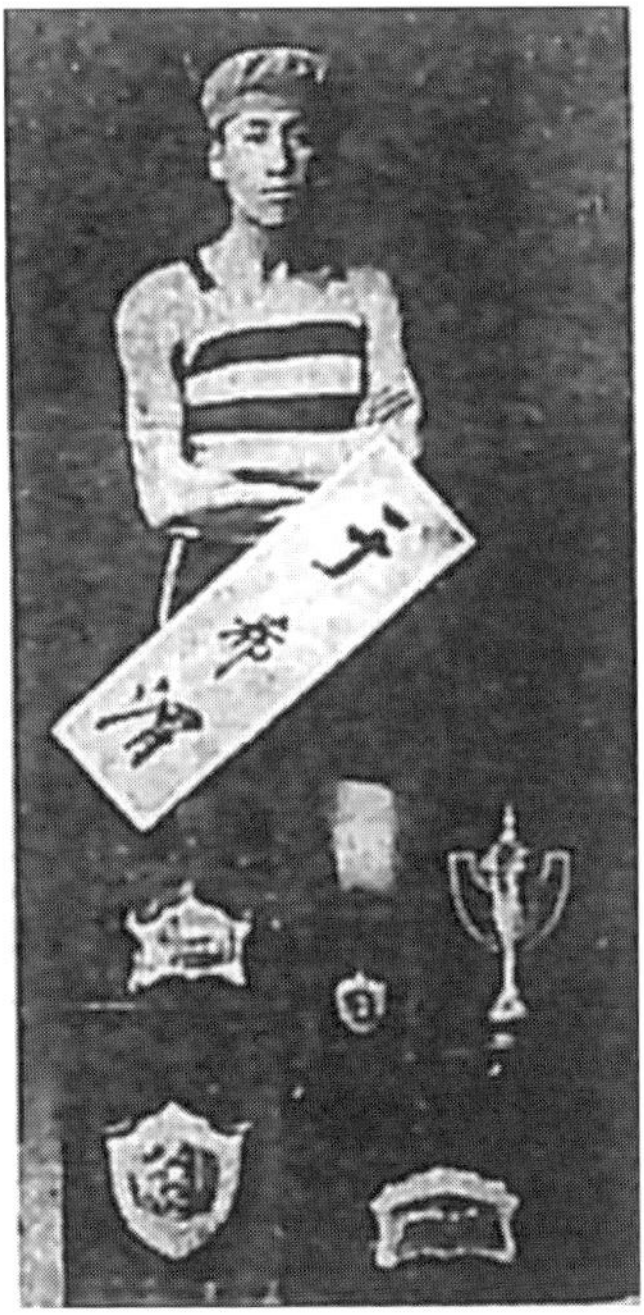

図14－1　**満洲国代表としてロサンゼルス五輪参加を報じられた于希渭**（『満日日報』1932年6月14日）

図14-2　中国代表としてロサンゼルス五輪に出場した劉長春（ウィキペディア中国語版「劉長春」）

した。この年、劉は政府機関に職を得た。同年一〇月の第六回全国運動会で劉は一〇〇Mに優勝し、この種目で大会三連覇の偉業を成し遂げた。一九三六年、劉は二度目のオリンピックを経験するが、予選落ちに終わった。翌年、足の怪我が再発し、選手生活に別れを告げた。

于は一九三三年五月二八日に大連中華青年会が開催した全満陸上競技大会で四〇〇M、八〇〇M、一五〇〇Mに優勝した。于は金州農業学堂の選手として出場しているので、同校で教職を得ていたのだろう。この活躍が契機となってか、翌月に于は満洲国民政部に就職し、体育関係の職務を担当することになった。于は記録を伸ばし続け、一九三七年に八〇〇M一分五七秒六、一五〇〇M三分五九秒八の記録をマークした。この記録は満洲国滅亡まで誰にも破られることがなかった。于が一五〇〇Mの最高記録を出したのは、一九三七年九月に名古屋で開かれた日満米国際陸上競技だった（順位は二位）。しかし、この大会で于が注目を浴びたのはむしろ八〇〇Mだった。于はベルリン五輪の覇者ジョン・ウッドラフを破って優勝した。記録は平凡だったが、ウッドラフはベルリンで一分五二秒九を出していたから、大金星であった。一九三九年の日満華交驩競技大会、一九四〇、一九四二年の東亜大会で于は満洲国の代表選手として大いに活躍した。また、満洲国で毎朝六時から放送されていた建国体操の音頭を取っていたのが于であった。于は満洲国スポーツ界の顔であった。

一方、劉には大きな転機が訪れていた。日中戦争の勃発である。それは、劉が一〇月一〇日に開催予定だった第七回全国運動会に東北地区の代表を参加させるべく準備を始めた矢先の出来事であった。戦争が終わるまでの劉の足取りについて、中国側の研究はこう語る。一九三八年、劉は湖南省長沙に遷ったが、戦火に巻き込まれ家財を失った。劉は社会の最底辺まで落ちぶれ、北京と南京のレストランで働いて糊口をしのいでいたが、のち友人の推薦で北京師範大学の講師となることができた。その間、満洲国に反対し日本に抵抗したことで一カ月ほど拘束された。内心の空虚を充たすため、酒とタバコに溺れたこともあった、と。ロサンゼルス五輪で愛国の英雄となった劉が、「漢奸」というほかない活動に従事していたことを隠蔽したくなる気持ちはわからないでもない。しかし、ここで重要なことは、あれほど愛国的な劉ですら日本に協力しなければならなかったという事実ではないだろうか。

一九三八年春、劉は北京にいた。北京にいたスポーツ関係者のうち、董守義《とうしゅぎ》《ドンショウイー》(IOC委員)や馬約翰《ばやくかん》《マユエハン》らは国民政府に合流すべく北京を脱出した。劉をはじめ、李世明《りせいめい》《リーシーミン》、王士林《おうしりん》《ワンシーリン》らは北京にとどまり、傀儡政権のもとでスポーツ振興に尽くした。一九三九年の日満華交驩競技大会で劉は中華代表の陸上競技監督を務めた。翌年に東京で開かれた東亜大会には中華代表団総指揮として参加した。

北京に残るというのは苦渋の決断だったに違いない。だが、劉は愛国心を抑え続けることができなかった。劉は共産党の根拠地延安を目指した。華北体育協会主事の安田光昭は、劉が「延安からの迎えに応じたいから許してくれと、秘かに私に断って、家族共々姿を消してしまった。まことにやるせない思いで彼等を見送らざるを得なかったことが、今でも脳裡に焼き付いたままである」と証言している。劉が延安に行き着いたかどうかはわからない。

戦後の二人

一九四五年八月、満洲国は姿を消した。満洲国の官吏だった于の立場は微妙だった。于を窮地から救ったのは、東北地区を日本軍から接収するためにやってきた馮《ふう》庸《よう》《フォンヨン》だった。この推論の傍証として、于が一九四八年五月に上海で開催された第七回全国運動会に空軍代表として参加していることを挙げたい。満洲国の元官吏で空軍に縁のない于が空軍に入れたのは、瀋陽で国防部の大官を務めていた馮の働きかけがあったからであろう（馮は空軍の有力者だった）。于は馮の期待に応え、第七回全国運動会で四〇〇Mと八〇〇Mに出場、記録は往年に及ばなかったが、両種目とも優勝した。于の活躍もあって、空軍は陸上競技で総合二位の成績をおさめた。ほどなくして共産党が国民党との内戦に勝利すると、于は家族を残して、台湾に逃れた。満洲国政府と中華民国空軍に務めた于にとって、おそらくそれは唯一の選択肢だった。

劉が抗日戦争勝利をどこで迎えたのかは明らかではない。戦後まもなくして東北に戻り、一九四六年五月に瀋陽中正大学講師となった。その後東北大学体育系副教授などを務め、新中国では大連工学院に奉職して陸上選手の育成に身を捧げた。文化大革命中は迫害を受け、農村での労働を強いられたが、のち名誉が回復された。

中国がオリンピックに復帰することが決まると、中国最初のオリンピアンである劉は注目を浴びた。結局、中国はモスクワ五輪をボイコットし、復帰は実現しなかった。劉は一九八三年に亡くなるが、その翌年に中国はロサンゼルス五輪に参加、初のメダルを勝ち取った。二〇〇八年の北京五輪前にも劉は注目され、映画や銅像が造られた。中国人初のオリンピアンが愛国の英雄であったことは、中国のオリンピック熱をさらに煽ったであろう。こうして、劉の非愛国的な経歴は忘れられようとしている。

于は戦後も台湾陸上競技界で活躍を続けた。一九五〇年の全省陸上競技会では一五〇〇Mなど三種目で優勝している。このとき于は一五〇〇Mを四分四〇秒で走ったが、一九五二年にはその記録を四分一五秒二まで縮めた。もちろん台湾新記録だった。時に于は四四歳であった。一九六〇年、台湾の陸上競技チームはフィリピンの全国陸上競技会に出場した。于はコーチだった。選手には八年後の五輪で八〇Mハードルの銅メダルを獲得することになる紀政《きせい》《ジージョン》がいた。フィリピンと台湾のスポーツ交流は帝国日本時代に遡るが、戦後には東アジアの自由主義陣営の紐帯を固める作用を果たすことになった。

選手として華々しい活躍をした于だったが、指導者として大きな実績を残せたわけではない。満洲国に徹底的に反対した郝更生《こうこうせい》《ハオゴンション》のような国民党系の人物がスポーツ界を牛耳るなかで、満洲国の官吏だった于は肩身の狭い思いをしたであろう。于は東京五輪を見ることなく、一九六四年七月二六日に癌で亡くなった。

劉と于は日本の租借地で生まれ、日本が経営する学校で教育を受けた。台湾や朝鮮のような植民地と違って、彼らは中国人として育てられた。于は師に恵まれ、劉は不完全な教育しか受けなかった。このことは、日本に対する二人の態度の違いに影響を与えただろう。一九二〇年代後半に、劉は短距離で、于は中距離で頭角を現し、瀋陽の東北大学と馮庸大学で活躍した。

二人の運命を分かったのは満洲事変だった。劉は日本に抵抗する道を選び、于は日本に協力する道を選んだ。劉は中国で、于は満洲国で、国家を代表する選手として活躍した。劉は五輪に二度出場したが、于は五輪に出場することはできなかった。しかし、国際大会で活躍したのは于であった。結局、劉は外国遠征で一度も良い成績を残すことができなかった。

日中戦争が始まると、劉もまた日本への協力を選択する。于は「甘んじて偽〔満洲国〕に事え、いまや人から唾棄されている」と非難されたが、劉もまた「国に叛き逆賊に事えた」との非難を浴びることになった。二人は、日満華交驩競技大会と東亜大会で再会した。日本を盟主とする地域ブロックのなかで、于は満洲国、劉は中華民国を代表していた。

日中戦争が終わると、二人の運命はまた別々の道を辿ることになった。劉は中華人民共和国にとどまり、文革で迫害を受けたが、いまや愛国の英雄として記憶されている。一方、于の存在はいまではすっかり忘れ去られている。

（高嶋航）

参考文献

이동진「식민주의와 민족주의 사이：세 중국인 육상 선수를 사례로（植民地主義と民族主義の相克：三人の中国人陸上競技選手を事例に）」『동아시아문화연구（東アジア文化研究）』第六六集、二〇一六年八月
元文学『中国奥運第一人：劉長春』大連理工大学出版社、二〇〇八年
安田光昭『あの人この人：私の交友録』「あの人この人」刊行会、一九八〇年

バレーボールの発展を根底から支えたイノベーター

15 佐藤賢吉〔さとうけんきち〕

バレーボールは、アメリカ生まれアジア育ちのスポーツである。極東アジアで、バレーボールは競技スポーツとしてルール化された。また、ルールを通じた競争によって、新たな技術が開発され、その新たな技術を用いた実践がさらなるバレーボールの発展を促した。佐藤賢吉は、極東アジアにおけるバレーボールの発展に貢献した人物として、後世に知られるべき人物である。

アメリカ生まれアジア育ちのバレーボール

佐藤賢吉の貢献を知るために、簡単にバレーボールの歴史を紐解こう。

一八九五年にアメリカのＹＭＣＡが創案したバレーボールは、もともと競技性の弱いスポーツであった。チーム同士の人数が同じであれば何人でもよい一方で（一対一でもよいし、五対五でもよい）、相手側のコートに打ち返すまで、自陣のプレーヤーが全員ボールに触れる必要があった。つまり、アメリカのバレーボールは、相手方のコートに打ち返すというよりも、いかに全員でボールを回し続けるかというものであった。

この競技性の弱いスポーツを、「自陣でのプレーは三回まで」とドラスティックに変更したのは、フィリピンアマチュア競技連盟である。フィリピンでは、一九一〇年、エルウッド・S・ブラウンがマニラYMCAの体育主事に就いてから、バレーボールが盛んに行われていた。

バレーボールは、フィリピンで、攻撃的でスピーディーなスポーツとなった。そして、このルールによって、「キル（現在のスパイク）」と呼ばれる、二回目のタッチでボールを高く上げて、それを相手コートに叩きつけるという技術が生まれた。この新たなルールによって、フィリピンでは、三年で一五万人ものプレーヤーを生みだした。当時の戸外スポーツのなかで、野球に次ぐ競技人口だったという。スピーディーなバレーボールは、東京YMCA体育主事のフランクリン・H・ブラウン（31）を通じて、アメリカ本家のルール改正に大きな影響を与えた。バレーボールの発展に貢献したフィリピンアマチュア競技連盟は、日本、中国に呼びかけて、極東体育協会を結成し、それに合わせて極東大会を開催した（一九一三年が第一回）。日本のバレーボールチームが極東大会に出場するのは一九一七年からである。つまり、現在のバレーボールのルールと実践は、極東アジアのネットワークで基礎づけられたのである。

新興スポーツを開拓するエリートたち

佐藤賢吉が生まれたのは一九一四年である。一九二七年に修猷館中学に入学して、二年生のときにバレーボールと出会った。排球部の創部から二年目のことだった。

修猷館は、藩校からの歴史をもつ九州屈指のエリート校であり、その歴史から柔剣道が幅を利かせていた。バレーボール部（当時は排球部）の創部メンバーは、学内で異端視されるなか、運動場の片隅で除草・整地をして、簡易なバレーボールコートを設けることから活動を始めた。こうした手探りの活動のなかで、創部二年目に加わったのが一八〇センチの躯体をもつ佐藤賢吉だった。トスやキルといったバレー技芸を女性的として忌避する風潮のなか、修猷館の排球部員は、反骨心と好奇心から、最新のバレーボール技芸を積極的に取り入れた。修猷館の排球部員は卒業後、福岡高等学校、第五高等学校、第七高等学校、法政大学、あるいは教員として数々のバレーボール創部に関わった。また、一九三五年には、京城師範学校を率いて全日本で準優勝をした園部暢が転任して、排球部顧問となった。

修猷館排球部のイノベーター気質を引き継いだ佐藤賢吉は、先輩・富田英俊が排球部を立ち上げた大阪外大に入学する（一九三二年）。大阪外大を卒業したあと、一九三七年に満洲に渡って、昭和製鋼に勤務しながら、大連沙河口の鉄道チームを指導する。一九三八年には、大満洲帝国体育連盟、満鉄運動会などが早大を満洲に招聘し、佐藤賢吉も南満選抜軍の一員として孤軍奮闘したが敗れ去った。

佐藤賢吉が昭和製鋼時代に展開したのは、移動攻撃とされている。自らのポジションからスパイクを打つのでなく、左翼から右翼へと移動しながらスパイクすることで、相手を撹乱するのである。また、すばやく展開するための片手でのパスを考案したのも、佐藤賢吉であると言われる（図15）。こうした彼の技芸は、極東エリアにおけるバレーボール・イノベーションの系譜にあった。一九二三年の第六回極東大会では、コントロールを効かせたパスのための手法として、フィンガーパスが神戸高商によって披露された。一九二五年の第七回極東大会で中国チームは、相手を撹乱するための二段トスを披露した。また、フィリピンチームは、フックダウンといわれる押し込みや引っ掛け技術を披露した。

図15　第10回極東大会（マニラ）での記念写真（修猷バレー部五十年のあゆみ編集部会編『星の光』）

こうした極東アジアのバレーボール技芸を我が物にした佐藤が、早大を破って日本一になったのが、一九四〇年の全日本選手権であった。このときの昭和製鋼のメンバーには、ライバルであった早大卒の有馬英一、修猷館出の堀勝次・安倍誠介がいた。続いて、一九四一年の明治神宮大会では、満洲国代表として出場し、呉工廠を破って優勝をした。一九四二年の東亜大会でも、満洲国が優勝している。修猷館のバレーボール部史には次のような記載がある。「現在、六人制でAクイックとかBクイックとか騒がれているが、あんなものはとうの昔に彼はやっていたものであり、今ごろ何を言うとるか……」。

九州への引き揚げと倉敷紡績への転職

大阪外大から満洲・昭和製鋼の時代、佐藤賢吉は、強力なキルを打ち込むだけでなく、移動攻撃、一人時間差などを開発し、片手トスやリバウンド戦法を操る、頭脳派プレーヤーとして名を轟かせた。だが、戦況の悪化とともに、彼の活躍の舞台は急激に減少した。

一九四六年七月、佐藤賢吉は、葫蘆島経由で日本に戻った。その過程で、幼い娘を栄養失調で亡くした。彼の生きる希望はバレーボールだった。内地に引き揚げてから彼は乾物屋を営みつつバレーボールのコーチを行ったが、すぐに店をつぶした。救いの手を差し伸べたのは、修猷館・大阪外大の先輩である川井(旧姓・富田)英俊であった。川井は、福岡で進駐軍の専用キャバレーを経営していて、佐藤賢吉の福岡でのバレーボール活動を支えた。佐藤賢吉は、復員・引き揚げした修猷館や福岡高等学校などの関係者を中心に、福岡県バレーボール協会を設立し（初代理事長）、「全福岡」というチームで全日本選手権に出場した。また、一九四八年の福岡国体ではバレーボール競技の運営にも携わっている。その後、貝島炭鉱に移って「直方タイガース」というチームをつくり、「バレーの街・直方」の礎を築いた。

一九五〇年一〇月、炭鉱不況ということもあって郷里福岡を去り、倉敷紡績・万寿《ます》工場で女子監督に就任し、その年の全日本実業団女子バレーボール選手権、および国民体育大会女子一般で優勝した。また、その翌年、同郷の岡本政光を倉敷紡績に入社させて、二人で男子チームをつくり、女子監督兼男子チームの主将として、一九五一年度の国体ではプレーヤーとして優勝した。こうした功績があり、一九五一年には、日本スポーツ賞の競技別最優秀選手に選出された。

彼は、造り酒屋「桃の露」の息子に生まれたせいか、修猷館時代から自家の原酒を盗むなど、周りから「呑《のん》」とあだ名されるまでに酒を愛した男であった。そのせいか、一九五五年に胸の病で倒れて、一九五六年の全日本実業団、全日本総合、国体の三大会優勝のときは、岡本政光が監督を代行した。

佐藤賢吉が病に苦しみ始めた一九五〇年代半ばは、日本のバレーボール界にとっても転機であった。アジア大会の東京開催が一九五八年に迫るなかで、日本バレーボール協会は九人制ルール（極東ルール）の実施を求めたが、国際バレーボール連盟は六人制ルールの採用を主張した。アジア大会は六人制と九人制の併用にて落着したが、東京オリンピックは六人制の実施が濃厚であった。日本バレーボール界が国際舞台に進出するには、ローテーション制に基づく六人制ルールを急いで習得する必要があった。

一九五七年六月、日本バレーボール協会は女子代表チームを中国に派遣することになり、佐藤賢吉を監督に選んだ（男子代表チームも同年七月にモスクワ遠征を行った）。六人制の代表チームが結成されたのは、この中国遠征が初めてであった。池井優によれば、中国は一九五〇年以降、ソ連や東欧との交流のなかで六人制バレーボールを習得しており、日本が六人制バレーボールを学ぶにあたり適した国であった。

佐藤賢吉が率いる日本代表チームは、北京、重慶、上海で、当地のチームと戦い、三勝三敗の成績であった。なお北京での初戦は一五―四、一五―一、一五―四と完敗であり、六人制については中国が先を行っていたことがわかる。

中国から帰国した佐藤賢吉は、六人制バレーボールに必要な守備力を倉紡倉敷で徹底的に教えこんだ。大松博文が率いる日紡貝塚は一九五八年に四大タイトルを独占するが、倉紡倉敷もそれに負けじと一九五九年に四大タイトル中三つのタイトルを奪い返す。佐藤賢吉の倉紡倉敷か、大松博文の日紡貝塚か。これが一九六〇年頃までの女子バレーボール界の実際であった。なお一九六〇年の世界選手権では、大松博文をコーチとして支えて世界一をつかんでいる。

しかし、無理を重ねたためか、佐藤賢吉は一九六〇年代から入退院を繰り返し、手術時の輸血で血清肝炎を起こす。一方の大松博文は、日紡貝塚単独で日本代表チームを作り上げて、佐藤賢吉の倉紡倉敷は代表チームにほぼ選出されなくなる。佐藤賢吉は東京オリンピックを直前にむかえた一九六四年一月三〇日に、転院先の福岡国立病院で腸閉塞のために死去する。わずか四九歳での昇天であった。

佐藤賢吉は、大松博文のような国民的スターにはならなかったが、一九四二年の新京での東亜大会のおりに仲間たちと誓った「日本のバレーボールを極東のバレーに、さらに世界のバレーボールに」という理想は、満洲での各国代表チームとの交流および戦後の中国遠征で彼が追い求めて、一つひとつ現実となっていった。

生まれ故郷の福岡では、彼の功績を称えるため、佐藤賢吉杯王座決定戦バレーボール大会が行われている。

（新雅史）

参考文献
池井優「日中スポーツ交流（一九五六〜一九七二）：政治とスポーツの間」『法學研究』五八巻二号、一九八五年
清川勝行「バレーボールの歴史に関する研究：日本における攻撃技術・戦術の発展と推移」『天理大学学報』一七三号、一九九三年

日本バレーボール協会編『日本バレーボール協会五十年史：バレーボールの普及と発展の歩み』日本バレーボール協会、一九八二年
修猷バレー部五十年のあゆみ編集部会編『星の光：修猷バレー部五十年のあゆみ』修猷館バレーボール部ＯＢ会、一九七六年
福岡県バレーボール協会創立50周年記念誌編纂委員会編『福岡県バレーボール協会創立50周年記念誌』福岡県バレーボール協会、一九九九年
倉敷紡績株式会社編『倉敷紡績百年史』倉敷紡績株式会社、一九八八年
『満洲日日新聞』一九三八年八月二九日

16 南洞邦夫〔なんどうくにお〕

一九一六年、南洞は満洲の奉天に生まれた。一九二九年に入学した奉天中学はスケートが盛んで、先輩には河村泰男がいた（一九三二年と一九三六年の冬季五輪に出場）。南洞の記録が初めて確認できるのは、一九三一年二月の全奉天スケート大会で、五〇〇〇Mで三位に入っている。一位は小池富治。小池はもともと諏訪湖で活躍していた内地のスケート選手だが、レベルの高い満洲に移住して研鑽を積んでいた。

一九三三年一月、南洞は河村とともに日光で開催の全日本選手権に満洲代表として派遣された。河村は一五〇〇Mに日本新記録で優勝した。南洞は五〇〇Mで九位の成績だった。

一九三五年春、南洞はガルミッシュパルテンキルヘン冬季五輪の補欠選手に選ばれる。その後、南洞は早大に進学した（**図16**）。先輩には石原省三、李聖徳《りせいとく》《イソンドク》らがいた。石原は同じ満洲の出身である。早大スケート部には小西健一を皮切りに、満洲の優秀な選手が続々と入っていた。小西は朝鮮

図16　奉天国際運動場リンクにて（1935年）（稲門スケートクラブ『早稲田大学スケート部75周年誌：クロちゃんのあゆみ』稲門スケートクラブ、1998年）

の咸興で生まれ、大連中学を経て、早大に入学、フィールドホッケーとアイスホッケーの選手として活躍した。早大を卒業した一九三二年にはフィールドホッケーの選手としてロサンゼルス五輪に出場している。この当時、日本学生スピードスケート界で早大と覇を競っていたのが明大である。明大では金正淵《きんせいえん》《キムジョンヨン》、張祐植《ちょうゆうしょく》《チャンウシク》ら朝鮮出身の選手が活躍していた。

一九三六年の冬季五輪で石原は五〇〇Mで四位に入賞した。これは一九八四年のサラエボ五輪で北沢欣浩が銀メダルを取るまで、日本のスピードスケート界のオリンピック最高位であった。南洞は五〇〇Mに二二位、五〇〇〇Mに三一位と振るわなかった。

その後も南洞は記録を伸ばし、一九三八年一月の全日本選手権で総合二位となって、一九四〇年に予定されていた札幌冬季五輪の候補に選ばれた。

一九四〇年春、南洞は新京の満洲中央銀行に就職した。満洲に戻って最初のシーズン、南洞は明治神宮大会の満洲代表に選ばれるが、その直前に入営が決まった。一九四一年二月、南洞は苫小牧で開かれた明治神宮大会で一万Mに四位、一五〇〇Mに六位の成績をおさめた。「新京を出て来る時送別会を開いていたゞいた、もう何もない、リンクとりも直さず戦場です」との言葉を残して、南洞はそのまま弘前連隊に入隊、数日後にソ満国境に送られた。敗戦は新京で迎え、命からがら日本に戻った。

戦後はスケートの指導者、役員として活躍した。一九五六年と一九六〇年の両冬季五輪でスケートの監督、一九九四年のリレハンメル冬季五輪では日本選手団長の大役を務めた。このほか、一九六六年から一九六八年まで日本スケート連盟理事長、一九九二年から二〇〇〇年まで日本カーリング協会会長を務めている。

一九九八年の長野冬季五輪では、南洞の尽力でカーリングが五輪の正式種目として採用された。通説では、日本に初めてカーリングを紹介したのは、ガルミッシュパルテンキルヘン冬季五輪にスケートの役員として参加した青木末弘である。南洞もこのときカーリングを目にしていた。実は満洲では一九二四年二月に、大連満鉄医院の建築を請け負うことになったアメリカのフーラー社によってカーリングが紹介されていた。同年秋、満鉄はフーラー社との契約を解除、カーリングも普及にはいたらなかった。満洲は日本人が初めてカーリングに触れた土地である。その満洲に生まれた南洞がカーリング協会会長を務めたことはたんなる偶然ではなかろう。

（高嶋航）

参考文献
日本スケート史刊行会編『日本スケート史』日本スケート史刊行会、一九七五年

17　瀧三七子〔たきみなこ〕

女子中等学校の九割以上の生徒がスケートを楽しんでいた満洲で、優秀な女子スケート選手が誕生するのは当然の成り行きだった。

銀盤の女王に君臨した最初の女性は飯村敏子である。大連弥生高女の学生だった飯村は水泳とテニスにも秀で、いずれの競技でも満洲代表となり、極東大会や全日本選手権でチャンピオンに輝いた（妹の昌子は水泳の満洲代表選手で日本記録を樹立した）。飯村はスケートでも才能を発揮した。大連で女子のスケート競技が始まったのは一九二三年のことで、飯村は翌年の全満洲スケート大会で、一〇〇M、一〇〇Mバック、四〇〇Mのすべてに優勝し、一躍脚光を浴びた。一九二六年一月に鴨緑江で開かれた全日本スケート大会で、飯村は一五〇〇Mを初めて三分台で滑って優勝した。

一九二六年に弥生高女を卒業した飯村は母校の運動助手となり、テニスに専念した。同年九月、関東庁始政二十周年記念運動会に参加するため人見絹枝（34）が来連した際には、満洲女子スポーツ界の代表として飯村が出迎えをした。一九二八年初め、飯村姉妹は家族とともに満洲を去った。

一九二八年に飯村の記録を破り、「氷滑の天才」と称されたのが安東第一小学校五年生の塩谷翠である。塩谷の父親は安東スケート界の先達で、兄もスケート選手だった。五〇〇M一分一秒は世界記録ともみなされ、一五〇〇Mでも三分三〇秒六の日本記録を打ち立てた。しかし、塩谷の活躍の場は満洲内にとどまった。

図17　諏訪湖で開かれた第3回全日本選手権にて、右端より井上浩子、井上和歌子、瀧三七子（1932年）（日本スケート連盟編『日本のスケート発達史：スピード・フィギュア・アイスホッケー』ベースボール・マガジン社、1981年）

一九三〇年二月、奉天高女の井上浩子が五〇〇Mを一分〇秒二で滑り、塩谷の記録を上回った。一九三一年一月、井上は満洲の女子スケート選手として初めて内地に遠征し、蓼の海で開かれた全日本選手権にただ一人の女子選手として出場した。井上は五〇〇Mに五八秒八、一五〇〇Mに三分二一秒六の記録を出したが、これはこの年の秋に国際スケート連盟が発表した公認世界記録を上回っていた。

一九三二年一月の全日本選手権で井上を破ったのが新京の瀧三七子である（**図17**）。一九三五年一月、瀧は全日本選手権の女子個人総合優勝を果たし、奉天の梁瀬《やなせ》暢子《ちょうこ》、木谷妙子とともに、翌年開催のガルミッシュパルテンキルヘン冬季五輪日本代表に選ばれた。しかし、秋になって、女子のスピードスケートは冬季五輪で開催されないことが決まる。それでも瀧らは世界選手権に参加するためにヨーロッパ遠征に出かけた。同行したのは木谷妙子、汾陽泰子《かわなみやすこ》、簗瀬暢子である。ストックホルムで開かれた世界選手権、瀧は五〇〇Mを五四秒で滑り二位に入った。個人総合で瀧が四位、木谷が五位、汾陽が六位と日本勢が上位に食い込んだ。冬季五輪で女子スピード競技が開かれていれば、冬季五輪で日本最初のメダルをもたらしていただろう。瀧は奉天高女を卒業し、新京で次のシーズンの準備をしていたが、別の選手が一九三七年の満洲女子スケート界を席巻することになる。

奉天高女の後輩江島八重子は、瀧らがヨーロッパ遠征に行っている間に開かれた全日本選手権で五〇〇M五三秒六と、瀧を上回る記録を出していた。一九三七年一月の全日本選手権で江島は五〇〇M、一〇〇〇M、三〇〇〇M、五〇〇〇Mの全種目で優勝した。江島の全盛期は一九三九年頃まで、その後は縄手満喜子ら新進が台頭した。一九四三年一月の明治神宮大会で縄手は個人総合に優勝するが、満洲は地区対抗でついに北海道に敗れた。この大会は戦前最後の全国大会となった。

満洲の女子スケート界を見ていて気づくのは、選手がほぼ日本人で占められていることである。これは男子で朝鮮人や白系ロシア人の活躍が見られるのとは対照的である。冒頭で女子中等学校のスケート普及率に言及したが、これは主に日本人を対象とする学校であり、中国人や朝鮮人などを対象とする学校ではまた事情がかなり違ったのかもしれない。ハルビンでは白系ロシア人、間島では朝鮮人女子選手の姿も見られるので、選手がいなかったわけではない。人口的に圧倒的少数の日本人女性ばかりが活躍していたことは、満洲のスケート界に民族の壁があったことを物語っている。その壁を破りえた女性はついに現れなかった。

（高嶋航）

参考文献
日本スケート史刊行会編『日本スケート史』日本スケート史刊行会、一九七五年

第二部　朝鮮

18　朴錫胤〔ぼくしゃくいん／パクソギュン〕

三高の野球人として

朴錫胤は帝国日本とともに生きた典型的な朝鮮人エリートであったと言っていいかもしれない。彼の人生は帝国日本に翻弄された。ゆえにその結末はまさに帝国の崩壊に起因するものであった。

朴は一八九六年（一八九八年説あり）一〇月に全羅南道昌平郡で生まれた。実家は中程度の地主であったという。六歳のときに漢文私塾に通って学び、一二歳からは昌興学校（のちの昌平普通学校）に通う。この昌興学校は、湖南財閥の金性洙《きんせいしゅ》《キムソンス》や東亜日報社長を務めた宋鎮禹《そうちんう》《ソンジヌ》らの東亜日報グループの領袖たち、また金炳魯《きんへいろ》《キムビョンノ》のような民族運動家（弁護士、解放後は大法院長）も通っていた学校であった。

一九一一年、昌平普通学校を卒業した朴は日本へと渡り、成城学校に入学する。成城学校は多くの陸軍関係者（宇垣一成、南次郎、松井石根ら）が学んだ学校としても知られる。その後、一九一六年に京都の三高に入学し、勉学と野球に力を注いだ。三高では、投手として活躍する。特に人気があった一高との定期戦での活躍は有名で、のちに総領事としてワルシャワに向かうことが決まったときに『朝日新聞』の紙面で、一高の内村祐之投手と並び称されるほどの左投手であったと紹介されている。また朴はこの三高時代に『毎日申報』に朝鮮のスポーツに関する記事を投稿している。一九一八年七月二六～二七日に掲載された「京城運動界をこのようにすれば」と題されたこの記事は、進展していない朝鮮のスポーツ状況について言及するものであった。

水野直樹によるとこれらの記事は「スポーツの目的を心身の鍛錬と人格の修養に置くとともに、青年の活動の自主性、「自治」を重視した文章」となっており、この時期の朴がスポーツを通して近代主義的な思想を受け入れていたことを示すものであった。対日協力者へと転向する朝鮮知識人らの多くが近代性を強く意識していたように、朴も近代主義的思想の持ち主だった。

一九一九年七月に三高を卒業した朴は、同年九月に東京帝大法学部へと進学してイギリス法を学んだ。東京帝大時代は、朝鮮人の留学生運動にも積極的に参加しており、東京の朝鮮留学生学友会に所属し、評議員と編集部長を担当した。こうした留学生の民族運動に傾倒していくなか、三・一独立宣言の起草者である崔南善《さいなんぜん》《チェナムソン》の妹崔雪卿《さいせつけい》《チェソルヒャン》と知り合い、一九二〇年一月に結婚している。

翌一九二一年七月、朴は学友会活動の一環である東京朝鮮留学生学友会巡回講演団の一員として朝鮮へと向かい、全羅北道全州で「時代と精神」というテーマで講演をした。ところがこの講演内容が不穏であるとして警察に逮捕され、二〇日間の拘留処分を受けている。植民地朝鮮におけるこうした活動は、三・一独立運動後、特に警戒されていたのだった。

徽文高等普通学校の快進撃

一九二二年三月に東京帝大を卒業した朴錫胤は一年間法学部の副手として東京帝大に留まったのち、朝鮮へと戻り、一九二三年四月に徽文高等普通学校（以下、徽文高普）の英語教員ならびに野球部のコーチとして勤務することになった。三高時代に腕を鳴らした野球で、徽文高普野球部の快進撃を演出する。

一九二三年八月に日本の鳴尾球場で開催された第九回「甲子園」大会は画期的な大会となった。なぜならこの大会から帝国日本の外地代表チームがそろって出場を果たすことになったからである。満洲（関東州）と朝鮮の地区予選は一九二一年の第七回大会から始まっていたが、この第九回大会から台湾地区予選も始まり、満洲、朝鮮、台湾の代表チームのすべてが「甲子園」大会を目指すことになったのであった。

朴の率いる徽文高普は朝鮮地区予選の決勝戦で、それまで朝鮮において圧倒的な強さを誇っていた名門京城中学校に立ち向かった。植民地朝鮮の教育制度により、中学校と高等普通学校はその学

図18-1　第９回の「甲子園」大会で朝鮮代表となった徽文高普（朝日新聞社編『アサヒスポーツ』1923年８月号）

校に通う生徒に違いがあった。中学校に通っていたのは、そのほとんどが日本人の子弟で、高等普通学校は朝鮮人の子弟たちが通う学校だったのである。そのためこの京城中学対徽文高普の決勝戦はさながら植民地朝鮮における日本人対朝鮮人の試合でもあった。

　京城中学には高橋一という名投手がおり、徽文高普には速球に勢いのある金鍾世《きんしょうせい》《キムジョンセ》がいた。また徽文高普の捕手は打撃センス抜群の金貞植《きんていしょく》《キムジョンシク》であった。この決勝戦を制したのは徽文高普だった。一〇対一という大差で京城中学を退け、初出場で全国大会出場の切符を手に入れたのであった（図18-1）。この勝利は朝鮮民族の誇りとして朝鮮の人々に受け止められ、七月二八日付の『東亜日報』には、徽文高普の勝利の栄冠を伝える記事とともに優勝旗を携えた選手たちと一緒に写った朴の姿が掲載されている。

　この徽文高普野球部の朝鮮地区大会優勝は朝鮮民族の歴史的快挙ではあったが、この日本人と朝鮮人との対立に根差す野球観について、全国大会後に『東亜日報』に掲載された「鳴尾の印象」という記事で、朴錫胤は以下のような回顧談を述べている。

　主催者や其他さまざまな性質上、今回の大会は我々の国で挙行されても、全てに日本人が関係するのは当然のことであった。そこに参加した八団体のなかで我々のチームは特別な一チームであったため、文字通り〝独りぼっち〟を免れることはなかった。したがって我が国の人々のなかには、さまざまな不安が生じていた。選手の資格審査までは無難に通過したが、審判が日本人のみであったため、たとえ技術が優秀であっても、優勝するのは難しいのではないかというのが一般の世評だっただけでなく、徽文関係者のなかにもこうした考え方をする人が多いのを目撃した。〝日本人だから〟〝日本人だから〟というひとつの標語のように流行する言葉の意味は（ただ運動界に限って）主催者や審判が全て日本人のみであるため、もちろん日本チームを勝たせるために不正も躊躇なく敢行するという意味である。私はこの言葉のなかに二つ不快なことがある。一つは我々の運動道徳が幼稚であることを証明していることである。

（『東亜日報』一九二三年九月二日）

こののちにも朝鮮の人々のスポーツにおける偏見について注意を促しながら、さらに日本のスポーツ界が欧米に比べ、より健全な発展を遂げていることをはっきりと述べていた。これは三高時代に、自身の実力で三高のエースへとのし上がり、日本の野球界で活躍し、日本の野球界に精通していた朴だからこそ語ることができたのである。朴の近代主義的価値観はこうしたスポーツ観に現れていた。

ともあれ全国大会に駒を進めた徽文高普野球部は、一回戦で大連商業学校に勝利し、二回戦では立命館中学校に敗れたものの鳴尾球場でもその存在感を示すプレーを披露したのであった。

民族の背信者

こうして徽文高普野球部は朝鮮代表として全国大会を戦い、朴錫胤は野球の指導者としても名を残すことになったのであった。しかし徽文高普での教員生活はこの一年間だけで、一九二四年三月には時代新報社（社長は崔南善）に入り、政治部の記者および政治部長を務めることとなった。朴はこの年に再度投手としてマウンドに立つことにもなった。YMCAの一員としてハワイを訪れ、ハワイ在住の朝鮮人チームと試合を行ったのである。しかし、このとき、苦々しい経験をしている。ハワイで独立運動を行う同胞の団体から裏切り者扱いされる事件が起きたのだ。状況は定かではないが、砂場に跪かされたうえで、その横に短刀を突き立てられ、その刀で自殺しろと威圧的に迫られたという逸話が語り継がれている。

水野によるとこのハワイでの同胞の行為は「在外同胞のために集めた寄付金をめぐって非難されたと言われるが、それだけでなく朴がこの頃には朝鮮総督斎藤実やそのブレーンである阿部充家などと接触していたため」であるとしている。朝鮮人の海外同胞からは、朴が留学生時代に民族運動を行っていた事実や徽文高普野球部での指導者としての実績よりも、帝国日本の走狗のように思われる節があったのだと理解される。あるいはそのように同胞たちに噂される雰囲気があったのだろう。もしこのエピソードが事実であれば、その後の朴の人生に大きな影響を与えることになった経験だと言えるかもしれない。なぜなら朴錫胤は翌一九二五年三月から一九二八年一月まで朝鮮総督府の在外研究員となり、英国のケンブリッジ大学にて国際法と国際政治学を研究しているからである。朝鮮総督府の在外研究員になるということはすなわち帰国後、朝鮮総督府に関わる諸機関での職務に就くことが条件となる。このとき、総督府の在外研究員として海外派遣された者の多くが、一九二六年に開学予定であった京城帝大の教授・助教授として赴任することになっていた。朴も京城帝大で教壇に立つことを夢見ていた。帝国日本の一員となることをためらわなくなっているように感じられる。

ケンブリッジ大学時代の朴は国際法を学ぶとともに、スポーツや旅行にも勤しんだ。また一九二七年に、ジュネーブで開かれた日米英海軍軍縮会議に日本全権として斎藤実と石井菊次郎が出席した際に、朴もジュネーブを訪れていた。ただ不幸なことにロンドンの日本大使館からは過激な言動をとる朝鮮人であると危険視され、監視の対象とされていた。この影響は一九二八年に朝鮮への帰国後、京城帝大の教授になれなかった遠因でもあった。朝鮮の同胞からは裏切り者扱いされ、帝国日本からは民族運動を行う危険人物とみなされるジレンマのなかに朴は立たされていた。

帰国後の一九三〇年二月、朴は毎日申報社の副社長として迎えられる。この頃、朴は満洲への関心を高めていた。満洲には朝鮮人が多く暮らしていた間島という場所がある。朴は間島の状況を視察して、中国国籍の取得を認めない日本の方針に異議を唱え、在満朝鮮人の法的地位の重要性を訴えた。一九三一年には民生団を組織し、在満朝鮮人の自治を目指す活動を展開していく。ただ翌年にはまたその活動に変化が訪れる。

一九三二年九月に毎日申報社を退社し、松岡洋右を代表とする国際連盟臨時総会の日本代表団に事務嘱託として随行することになったのである。朴錫胤の仕事は国連総会の場ではなく、ジュネーブとパリで民族運動を行っている朝鮮人、またアメリカからヨーロッパに向かっていた李承晩《りしょうばん》《イスンマン》について調査することだった。国際連盟帝国事務局長から外務大臣の内田康哉に送られた文書には、

過般ノ日支問題臨時総会ニ際シテハ、李承晩其ノ他朝鮮人独立運動者寿府《ジュネーヴ》及巴里方面ニテ種々策動シツツアリタルカ、右独立運動者ノ活動振リニ付臨時総会事務嘱託朴錫胤ニ対シ調査報告方命シ置キタル処、今般別添報告書提出アリタルニ付送付ス。御査閲相成度シ。尚朴ノ立場モ有之コト故、本報告ノ取扱方ニ付テハ特ニ注意有之様致度此段為念申添フ。

(『満洲事変与論並新聞論調本邦ノ部　鮮人策動関係』一九三三年)


と記されており、調査員としての朴の暗躍がうかがえる。実際に朴の書いた別添の報告書を見ると、海外の独立運動の傾向をいくつかのグループに分類したうえで、それぞれの特徴を丁寧に整理している。法学・政治学を学んできた朴が客観的に民族運動を分析している様子がよくわかる。このとき、パリで出会った独立運動家の徐領海《じょりょうかい》《ソリョンヘ》については調査中に親交が深まったようである。立場が全く反対でありながらも、お互いに共鳴するところがあり、苦しい胸の内を披瀝し合って涙することもあったという。植民地支配を受けるがゆえの苦しみと葛藤に苛まれていた朝鮮人らの思いが汲み取られる。このように朴にとって徐は調査対象者でありながらも意気投合した部分があり、その

徐の仲介により、調査活動の重要課題でもあった李承晩との面会も実現したのであった。

この報告書には、三月一日の独立運動記念日に徐が中国国民党の党員宅に招かれて酒席が催されたときのことも記されている。その席にはジュネーブで朴に暴行を加えた同胞たちが徐領海と同席しており、彼らは「アノ時奴〔朴錫胤〕の足ヲ一本折ツテヤルンタツタノニ君ハツマラナイコトヲシタ」と嘯いていたことから、この国際連盟臨時総会のジュネーブ訪問でも朴は同胞から暴力を受けていたことがわかる。

この国際連盟総会で朴は石原莞爾と出会った。石原はこの国連臨時総会に派遣された日本代表団に陸軍からの随行員として行動をともにしていた。石原は持論の東亜連盟論を朴に伝えたという。朴はこの東亜連盟論に大いに共鳴し、以後、石原と親交をもつようになった。東亜連盟論に最初に接した朝鮮人が朴であったとされる。一方、石原も朴との出会いにより朝鮮問題について注意を払うようになる。

エリート、そして死

一九三三年一二月に帰国した朴錫胤は一九三四年一二月に満洲国外交部嘱託兼国務院総務庁嘱託となり、朝鮮から新京へと活動の場を変えた。満洲国では、一九三五年五月に満洲国協和会理事となり、その後一九三七年三月に民生振興会議委員、一九三九年二月に外務局調査処長を務めた。そ

図18-2　満洲国ワルシャワ総領事となった朴錫胤について報じる記事（『朝日新聞』1939年2月14日）

の後、満鉄総裁松岡洋右の推薦を受け、駐ワルシャワ満洲国総領事に任命され、ポーランドへと渡ることになったのであった。一九三九年二月一四日付の『朝日新聞』には「半島出の総領事　満洲国からワルソーへ派遣　往年の名投手」という見出しで朴について紹介する記事を掲載している（図18-2）。板挟みの苦難を経てはきたが、帝国日本で出世の階段を上りつめ、政治にまみれていくなかでも三高時代の栄光の残滓はまだ消えてはいなかった。

七月にワルシャワで総領事としての職務に就いたものの、勤務は長くはなかった。赴任した年の九月にドイツによるポーランド侵攻が始まったからである。朴はポーランドを脱出し、イタリアやリトアニアを訪れたのちに満洲国への帰国命令を受け、一九四〇年六月に新京へと戻ってきたのであった。新京に戻ってからは、満洲国協和会中央本部委員となり、協和会の活動に従事するとともに、一〇月に義兄で建国大学教授の崔南善が顧問を務める東南地区特別工作後援会が結成されると、その総務を務めている。

その後も満洲国内で協和会の職務と領事としての職務をこなしていたが、やがて満洲を離れることになった。水野によると石原の東亜連盟論を信奉する朴は石原が日本当局から異端視扱いされるようになったため、満洲にいづらくなり、南京の満洲領事館に移ったのではないかと分析している。解放後、一九四六年三月から病のため平壌で療養していたところ、七月に親日分子の嫌疑で捕らえられるが、このときは病のため釈放された。しかし、一九四七年二月に再び拘束され、平壌の人民教化所に送られたのだった。尋問を経て、四月には帝国日本で行った数々の対日協力行為が指摘され、親日反動分子という理由で起訴されると、一九四八年一月、平安南道裁判所にて「親日反逆者」と認定され、死刑の宣告を受ける。朴は最高裁判所に上訴したが、棄却され、六月に死刑が最終確定されたという。その後、一九五〇年一〇月二〇日に死亡したとされている。光と影を放つ波乱の人生であった。

（金誠）

参考文献
小野容照『帝国日本と朝鮮野球：憧憬とナショナリズムの隘路』中央公論新社、二〇一七年
水野直樹「朴錫胤：植民地期最高の朝鮮人エリート」趙景達編『講座　東アジアの知識人4　戦争と向き合って』有志舎、二〇一四年

19　李相佰〔りそうはく／イサンペク〕

帝国日本の外地人として

帝国日本のスポーツ界に大きく貢献した朝鮮人がいる。その名を李相佰（号は想白《そうはく／サンペク》）という。植民地支配を受けた地域の人々のなかでも、彼が帝国日本のスポーツ界に残した功績は際立っており、他に類を見ないといっても過言ではないだろう。李相佰に着目し、被支配民族としての朝鮮人が帝国日本のスポーツ界とどのように関わり、解放後の朝鮮半島のスポーツにどのような影響を与えたのかを見てみたい。

大邱から東京へ

李相佰は一九〇四年（一九〇三年説あり）に慶尚北道大邱で父李時雨《りじう》《イジウ》、母金慎子《きんしんし》《キムシンジャ》の四人兄弟の三男として生を受けた。実家は慶尚道でも屈指の富豪であった。しかし父李時雨は三〇歳にもならない年齢で他界してしまい、経済的な余裕はあったものの、父の死が重くのしかかる境遇で幼少期を過ごさねばならなかった。

李は一九一一年から一九一五年まで友弦書楼（廃止されてから講義院）で学び、一九一五年五月に大邱高等普通学校（以下、大邱高普）に入学する。大邱高普時代は野球と庭球を楽しんだ。このときの身長はすでに一七五センチあり、当時の子どもたちと比べてもかなり大きい方だった。野球選手としては、投手で活躍し、高い身長から繰り出される直球に威力があったという。庭球もうまく、放課後になると彼の姿はいつも野球場か庭球場にあった。庭球の交驩競技が開催されるたびに、李は学校の代表として参加し、庭球選手としても活躍したのであった。

李は大邱高普を一九二〇年三月に卒業し、翌年四月に早稲田第一高等学院（以下、高等学院）に入学した。この日本への留学がその後の人生を決定づけていく。高等学院では、陸上競技を行い、種目は中距離走だった。大邱高普で活躍していた野球と庭球ではなく、陸上競技を選んだのは、野球と庭球を行うには、あまりにも選手層が厚く、優位なポジションに立つことが難しいと判断したからであった。ただこの陸上競技を選んだことが、李にとって最も親しい競技となるバスケットボールと出会うきっかけになったのである。

李の一学年上には浅野延秋がいた。浅野は有志を集めて、まだ日本でそれほど盛んに行われてはいなかったバスケットボールを高等学院の同好会活動の一つとして始めた。李はこの試みに可能性を感じ、バスケットボールを一緒にするようになる。すると、英語講師であったスペンサーがバスケットボール部の指導をしながら、浅野らの作ったバスケットボールチームの指導もしてくれるようになり、本格的な課外活動となっていったのであった。この頃、高等学院のなかに他のバスケットボールチームが三チームあり、四チームが互いに対抗戦を行うなどして活動を展開していた。そして一九二二年五月に四チームの優秀な選手を集めて作ったチームで全日本籠球選手権大会ジュニア部に出場し、見事三位入賞を果たした。このとき、李はセンターのポジションで活躍している。

一九二四年三月に高等学院を卒業した李は四月に早大文学部社会哲学科に入学し、ちょうど前年に成立した早大籠球部に所属する。早大籠球部は一九二五年秋に開催された明治神宮大会に東京代表として参加し、創部してからわずか二年で全国規模の大会で初優勝を果たし、翌年初めには朝鮮への遠征を実施した。この遠征は李にとっては故国への訪問競技となった。早大籠球部は朝鮮側の中央ＹＭＣＡチームと対戦し、全勝している。朝鮮側は一勝もできなかったものの、早大籠球部の訪問が、発展していなかった朝鮮バスケットボール界への刺激になったという。この遠征は、約一〇年後に日本のバスケットボール界を席巻する延禧専門学校、普成専門学校両校籠球部の活躍へとつながる原初体験として評価されている。

大日本体育協会理事への道のり

李相佰は日本のバスケットボール界の発展のために尽くした。それまでの日本のバスケットボール界はＹＭＣＡがその中心となっていたが、李は浅野延秋や富田毅郎とともに、一九二四年六月に関東、関西の大学を束ねる全国学生籠球連盟を組織し、学生の側からバスケットボールの発展を企図していった。これにより、大学生を中心とした定期リーグ戦が開催されるようになった。さらに一九二六年には明大と東京帝大が全国学生籠球連盟に加盟している。

一九二七年三月に早大を卒業した李は四月に早大大学院へと進学する。専攻は東洋学、社会学であった。大学院生になると、李はコーチとして早大籠球部を率いていくこととなった。李の早大籠球部のコーチとしての最も大きな功績は、一九二七年のアメリカ遠征であった。期間は同年一二月一〇日から一九二八年二月二五日までのおよそ二カ月半にわたった。この遠征で李相佰は本場アメリカのバスケットボールの技術、戦術を選手たちに実感させ、自身もその最先端のバスケットボールを学ぼうとした。この遠征の成果はそのまま一九二八年五月に開催された全日本選手権の優勝につながったのである。

その後、李は一九三〇年九月の大日本バスケットボール協会の設立に奔走する。協会設立の中心人物である李相佰の企画力と行政的手腕は、日本のスポーツ関係者らの目を引き、翌年四月にはその力が認められて大日本体育協会の理事に就任したのであった。こうして植民地朝鮮出身である二七歳の若者が帝国日本のスポーツ行政に携わるとともに、バスケットボールのオリンピック種目への採用に向けてＩＯＣに働きかける役回りも受けもっていくことになった。

一九三二年六月、ロサンゼルス五輪に参加する日本代表選手団に随行して李相佰も横浜を発った。李はアメリカでＩＯＣ委員ならびにアメリカオリンピック委員会委員長であったアベリー・ブランデージと対面した。ブランデージはＦＩＢＡ（国際バスケットボール協会）の本部役員でもあったため、ＦＩＢＡの会議の席でも意見を交わす機会が多くなり、ロサンゼルス五輪、ＦＩＢＡを通じて、その後、李と親交をもつようになっていった。

李は一九三六年のベルリン五輪にも日本代表選手団の総務として同行し、日本のオリンピック行政に深く関わった。そのため一九四〇年に東京で開催される予定であった東京五輪の準備委員となり、一九三七年にはアメリカ、イギリス、ドイツ、フランス、スイスなどの各国への出張を行い、オリンピック開催に向けて力を注いだのであった。しかし、一九三八年七月に東京五輪は開催中止となり、その後の李相佰の活動にも変化が見られるようになる。

中国への派遣

東京五輪の中止が決定してから李相佰は大日本体育協会の仕事から距離を取り始め、一九三九年六月に外務省文化事業部の在支特別研究員として中国に派遣されることになった。中国に派遣された李は北京を中心に中国の動向を見て回った。その調査で得た知見が一九四〇年一月八〜一〇日付の『朝日新聞』に連載された「事変処理とスポーツの文化的使命」に記されている。この記事で李は中国スポーツの低迷と帝国日本のスポーツの発展を対比したうえで、文化的な発展を遂げた日本のスポーツは遅れた中国のスポーツを発展させる使命があると主張している。すなわち帝国日本の文化工作をもって、中国をそのヘゲモニーのもとに位置づけようとする帝国日本のオリエンタリズムを反映させる議論を展開していたのであった。

このように李相佰は、帝国日本のスポーツ界を代表する朝鮮知識人としてその地位を確固たるものにしていた。そのポジションから朝鮮人を代表しながら朝鮮人に対して帝国日本への協働を呼びかける存在にもなっていたのである。とりわけその傾向が強まるのは、日本がアジア太平洋戦争へと突入していた時期に見いだすことができる。一九四二年に『毎日新報』で李の「戦時と新体育理念」という特集記事が五回にわたって掲載され、その締め括りは以下のように述べられている。

今最も焦眉急務たる直接国防力増進体育については勿論当事者が労心焦思しているが、これはその一部門の当事者の努力のみに一任するのではなく、我々体育人全体が、いや全朝鮮の人々が協力して熱中せねばならない現下の最急務である。もちろん軍部と当局の指導者を中心に実戦に必至である心身の鍛錬を日夜忘れることなく精進せねばならないため、この点は我々朝鮮では最近代だけではなく、少なくとも李朝五百年間は考えられなかったほど内地の国防訓練とはさらに異なる特殊性があり、軍の緊密な指導下に振古《ママ》未曾有な大決心で全社会全朝鮮が熱中の火渦と化さねばならないのである。

（『毎日新報』一九四二年六月五日）

総力戦体制下のこうした発言は、帝国日本への協力を示す証拠であることは間違いないだろう。ただ、その後、李は独立運動家として有名な呂運亨《りょうんこう》《ヨウンニョ》の影響を受けて帝国日本への協力者から民族主義者へと転向したという。

李が呂運亨といつ出会ったのかを示す資料はないが、彼の年譜は一九四〇年三月に呂運亨に出会ったとしている。ただそれ以前にスポーツを通じてお互いの存在を確認していた可能性は高い。少し遡るが、一九三六年に開催されたベルリン五輪のサッカー日本代表選手の選考をめぐって、大日本蹴球協会と朝鮮蹴球協会会長の呂運亨とが対立することがあった。そのとき、両者の間に入って交渉する役割を果たしたのが李であった。前述のようにこのとき李は大日本体育協会の理事であり、日本のオリンピック関連事業に庶務や総務として関わっていた。朝鮮人選手が代表選手として採用されることに尽力していた李は、このときも呂運亨が要望するより多くの朝鮮人選手を代表入りさせるべく大日本蹴球協会との交渉に臨んだ。交渉はうまくいかなかったものの、この交渉を通じて呂運亨と交流する機会が生まれたことは想像するに難くない。いずれにせよ李相佰はのちに呂運亨の政治活動に合流していくこととなり、一九四四年一〇月に呂運亨の組織した建国同盟に参加したのであった。

解放後の影響力

一九四五年八月一五日、ポツダム宣言を受諾することが「玉音放送」によって報じられ、日本は帝国の崩壊を迎える。植民地支配を受けていた朝鮮は解放され、新たな時代の幕開けになった。解放後の朝鮮半島で李相佰は身の振り方を転換していく。朝鮮に戻った李は一九四五年九月に京城大学（のちのソウル大学）の教授に就任している。また同月、鍾路にあるＹＭＣＡにて朝鮮体育同志会を発足させた。朝鮮体育同志会が最初に行った事業はアメリカ進駐軍とのスポーツ交流であり、バスケットボールを筆頭にサッカーや短縮マラソン大会などを手掛けたとされる。さらに一〇月二七日から五日間にわたって開催された自由解放慶祝競技大会も朝鮮体育同志会が主導して行ったのであった。

日本體育界功勞者
李想白氏의回顧와所感

這間大日本體育會의 設立으로 發展的解消를보게된 大日本體育協會에서는 지난二十二日 東京

當時에는 日本體協專務理事로日本代表團 總務主任으로서 만흔活躍을하고昭和十一年에는 伯林올림픽大會에體協 常務理事로日本代表總務의 重任을擔當하야體育日本의 快記錄을떨치엿다 其後 東京올림픽組織委員會參事로서 東京올림픽誘致運動에는 만흔活躍을하고 昭和十二年 世界올림픽『알소』委員會에는 副島伯과함께 日本技術部代表로參席하는等 日本體育界의發展을爲하……

図19-1　日本体育界功労者李相佰
（『朝鮮日報』1942年５月28日）

このように李は解放後の朝鮮で他に先駆けてスポーツ事業に着手したのだが、ここで朝鮮のスポーツ界をリードする者は誰なのかという問題が浮上してくる。李は植民地時代、朝鮮でのスポーツ活動に貢献したわけではなく、帝国日本のスポーツ界で活躍した人物であった（図19-1）。そのため植民地朝鮮で朝鮮民族のスポーツ界をリードした朝鮮体育会の人々から疎ましく思われていた。朝鮮体育会の関係者は李が朝鮮スポーツ界の旗を振ることに反対した。そのため李相佰は自由解放慶祝競技大会後、しばらく朝鮮のスポーツ界から身を引くことになった。

しかし、それも束の間であった。一九四八年七月から八月にロンドン五輪が開催されるという知らせが朝鮮に伝わってくると、オリンピックへの参加を切望する朝鮮スポーツ界は李に頼らざるをえなくなったのである。オリンピックに参加するためには国内にオリンピック委員会を組織し、その承認をIOCから得る必要があり、そのノウハウを最も知る人物こそ李相佰であったからである。すでに時間に余裕はなく、急ぎIOCから国内オリンピック委員会の承認を得なければならなかった。

帝国日本のスポーツ界で行政的手腕を発揮した李は実際に一九三〇年代のロサンゼルス、ベルリンの両五輪を日本代表団とともに経験してきた貴重な朝鮮人であった。しかも彼は一九三二年にロサンゼルスで出会ったブランデージとは知己の間柄であり、当時IOCの副会長であるブランデージと直接交渉することのできるのは李相佰以外にいなかった。彼がIOCからKOC（朝鮮オリンピック委員会）の承認を得るために最も適任であったことは言うまでもない。帝国日本スポーツ界での活躍が、解放後の朝鮮スポーツ界からは疎まれるきっかけとなり、またその活躍が朝鮮スポーツ界にとって必要とされたことは、このときの李にとっては皮肉なことであった。

ともあれ李は、一旦は国内のスポーツ界から遠ざけられたものの、KOCの創設という朝鮮スポーツ界にとっての重大事に駆り出され、その創設とIOCからの承認に向けて力を注ぐこととなり、朝鮮のスポーツを国際スポーツ界へとつなぐ役割を果たすことになっていく。軍政下の朝鮮半島で李を中心に一九四六年七月一五日にオリンピック対策委員会が組織され、その後KOCが国内オリンピック委員会として承認されるにいたった。こうした努力の結果、一九四八年七月、解放後三年に満たない朝鮮からオリンピック代表選手団がロンドンに送られ、奇跡的とも言えるオリンピックへの参加を果たしたのであった。

ロンドン五輪後の李はソウル大学の教授を務めながら、一九五一年六月に大韓体育会の副会長に就任し、一九五二年七月に開催されたヘルシンキ五輪で韓国選手団の総監督を務めている。さらにIOC委員としても活躍し、韓国スポーツ界の発展に欠かせない人物となっていた（**図19-2**）。しかし国際的にも活躍する最中、李は一九六六年四月一四日に六三歳でこの世を去った。現代でも韓国のスポーツ界において稀代の人物であった李の早すぎる死を惜しむ声はよく聞かれる。彼が生きていれば韓国スポーツ界はもっと早く発展したかもしれない、と。

（金誠）

図19-2　李相佰の肖像（大韓体育会『大韓体育会史』大韓体育会、1965年）

参考文献

想白李相佰評伝出版部編『想白李相佰評伝』乙酉文化社、一九九六年
高嶋航『帝国日本とスポーツ』塙書房、二〇一二年
裵姈美「李相佰、帝国を生きた植民地人―早稲田という「接触領域」に着目して」李成市・劉傑編『留学生の早稲田―近代日本の知の接触領域』早稲田大学出版部、二〇一五年

韓国サッカー界の父

20　金容植〔きんようしょく／キムヨンシク〕

ベルリンの奇跡

一九三六年ベルリン五輪サッカー日本代表は、一回戦で優勝候補の一角でもあった強豪スウェーデンと対戦した。ベルリンに来るまでの日本は2FBシステムを採用していたが、このベルリン五輪においては3FBシステム、すなわち当時世界のサッカー界で主流となっていたいわゆるWMシステムのフォーメーションで大会に臨んだのであった。前半は〇対二でスウェーデンの後塵を拝した日本ではあったが、後半はこのWMシステムが機能して怒涛の攻撃を見せ、後半に三点をもぎ取り、見事三対二の大逆転で強豪スウェーデンを打ち破った。この試合を日本サッカー界では「ベルリンの奇跡」と呼んでいる。このWMシステムの立役者の一人がハーフバックのポジションで、運動量に優れ、攻撃と守備の要になった金容植である。日本人選手とともに戦い「ベルリンの奇跡」をともに経験した「韓国サッカー界の父」と呼ばれる彼のサッカー人生を見てみたい。

サッカーとの出会い

金容植は一九一〇年七月二五日に黄海道信川にて生を受けた。父は朝鮮で近代初期にキリスト教の普及に尽力した金益斗《きんえきと》《キムイクドゥ》であり、黄海道の安岳では知らない者がいないと言われるほどの有名な牧師であった。

金容植がサッカーに興味を示し始めたのは七歳の頃からだったというが、その頃はまだボールを蹴って遊ぶ程度だった。一三歳のとき、父の都合で京城へと移り住み、協成高等普通学校に入学する。しかし学校のクラスメートたちから方言をからかわれるたびに喧嘩を繰り返し、見かねた担任教員に退学を勧められ、いくつかの学校を経て、最終的に儆新中学校へと転学したのだった。金容植はこの儆新中学校で本格的にサッカーを始めることになった。

儆新中学校の三年生になった金容植は一九二八年五月に初めての公式戦を経験する。それが平壌で開催された関西《かんせい》《グァンソ》体育会主催の第四回全朝鮮蹴球大会であった。儆新中学は決勝にまで勝ち進み、決勝戦で崇実中学校と対戦することになった。崇実中学はこの年一月の第一〇回全日本中等学校蹴球選手権大会で内地の日本人チームを次々と破り、決勝戦では広島一中に六対五で勝利し、見事優勝を果たしていた。これは朝鮮サッカー界における快挙であった。ゆえに平壌市民のサッカー熱は高まっており、儆新中学との決勝戦も大いに盛り上がった。結果は一対〇で崇実中学の優勝となったが、金容植はチームメイトと雪辱を誓い、この敗戦をきっかけに儆新中学はそののちに京城で開催された数々の大会で活躍している。

普成専門学校へ

　一九二九年、朝鮮で起こった光州学生運動の波紋が京城にも押し寄せ、多くの学生たちが運動に参加していくなか、金容植も学生運動に身を投じる。しかし、それがきっかけとなり、儆新中学から退学処分を受けてしまう。金容植は中学校を卒業できないまま、サッカーで普成専門学校（以下、普専）に入学した。ただ普専での学生生活は長くは続かず、一学期間過ごしただけで退学し、京都の両洋中学校に入学し直した。両洋中学時代にア式蹴球全国優勝競技会（今の天皇杯全日本サッカー大会）にも出場している。だが日本での生活も長くはなかった。父から朝鮮に戻るように強く促され、平壌の崇実専門学校（以下、崇専）に入学することになったのであった。金容植の加入によって崇専の戦力は向上した。崇専は一九三一年の全朝鮮蹴球選手権大会の決勝戦で強豪の延禧専門学校（以下、延専）と対戦し、これを三対一で下して優勝を果たした。

　この試合は京城で行われた。普専蹴球部の部長で教授でもあった洪性夏《こうせいか》《ホンソンハ》と校長の朴勝彬《ぼくしょうひん》《パクスンビン》がこの試合を見にきており、試合後、金容植に会って普専へ戻ってくるように説得した。金容植はその思いを受け止め、普専に戻ることになり、紆余曲折を経つつも一九三二年から普専でのサッカー生活が再スタートしたのであった。

金容植が再入学してからの普専は確実に強くなる。京城でのライバル校であった延専には野球、陸上競技、サッカーなど、複数の競技で活躍する李栄敏《りえいびん》《イヨンミン》がいたが、ことサッカーにおいては金容植の加入によって普専の方が優位になった。一九三二年の朝鮮体育会主催の第一三回全朝鮮蹴球大会、一九三四年の大阪朝日京城支局主催の第八回全朝鮮ア式蹴球大会、一九三六年の朝鮮蹴球協会主催の全朝鮮蹴球選手権大会などの各大会で普専は優勝し、さらに「半島のオリンピック」と言われた朝鮮神宮大会でも一九三三年、一九三四年の第九回、第一〇回大会を連覇した。

普専は一九三五年八月に洪性夏が主導・引率して満洲遠征も行った。金容植は朝鮮に戻ってから、この遠征のことを「普成専門蹴球部満洲遠征記」と題して『朝鮮中央日報』に八回にわたって連載している。満洲遠征ではハルビンでロシア人チームと対戦し、その後、吉林、奉天、大連などで満洲のチームと六試合行ってから朝鮮に戻ったとされている。

ベルリン五輪の出場とその後

一九三五年に開催されたサッカーの全日本選手権はベルリン五輪の選手選考も兼ねていた。この大会の決勝は東京文理大学と朝鮮の京城蹴球団との対戦になった。金容植は京城蹴球団の主力メンバーの一人として出場し、東京文理大学に対して六対一という圧倒的な大差で勝利し、優勝したのであった。大会後オリンピック代表チームが早大の選手らを中心に組織されていくなか、金容植は金永根《きんえいこん》《キムヨングン》（代表は辞退）とともに京城蹴球団からオリンピック代表選手に選ばれ、冒頭の「ベルリンの奇跡」を経験する唯一の朝鮮人選手となったのであった。

図20　日本代表ユニフォームを着た朝鮮人選手たち（右から2人目が金容植）（한국체육사편찬실편『이야기한국체육사③축구①』 국민체육진흥공단、1997年）

ベルリン五輪後はサッカーを継続するために日本の早大に留学するが、半年ほどして朝鮮に戻り、金性洙《きんせいしゅ》《キムソンス》の勧めで東亜日報社に入社して社会部の記者となった。記者の仕事をこなしながらもサッカーを継続し、全普成チームで大会に出場するようになる。一九三九年には日満華交驩競技大会に日本代表として参加し、中華に三対〇、満洲国に六対〇で勝利して優勝に貢献し、一九四〇年の東亜大会にも出場して満洲国に七対〇、中華に六対〇、フィリピンに一対〇で優勝している（図20）。さらに一九四二年の満洲国建国十周年慶祝東亜大会にも出場し、満洲国に三対〇、中華に六対一、蒙古に一二対〇で優勝したのであった。

一九四五年八月、朝鮮が日本の植民地支配から解放されたのちは朝鮮電業サッカー部を創部し、一九四八年のロンドン五輪にも韓国の代表選手として出場するなど、選手としてのキャリアを一九五二年まで続けた。現役を退いてからも相変わらずサッカー一筋で、たとえば韓国がアジアの頂点に立った一九六〇年のアジアカップ選手権では韓国代表監督を務め、その後、一九八〇年一二月に誕生した韓国最初のプロチーム・ハレルヤの監督および部長も務めている。このように植民地期から韓国が民主化を迎える以前までの間、韓国サッカー界に大きな足跡を残し、一九八五年三月にその生涯を終えたのであった。

（金誠）

参考文献
大島裕史『日韓キックオフ伝説』実業之日本社、一九九六年
金誠『近代日本・朝鮮とスポーツ：支配と抵抗、そして協力へ』塙書房、二〇一七年

21 孫基禎〔そんきてい／ソンギジョン〕

英雄が眠る場所

韓国には顕忠院という国立墓地が二カ所あり、その一つが大田にある。顕忠院は朝鮮戦争で犠牲となった兵士らを弔い、その英霊を慰撫するための国軍墓地としてソウルの銅雀洞に設置されたことに端を発する。やがて国立墓地となり、安置される人々は戦死者だけではなく、次第に国家に殉じた者や国家に貢献した者も含まれるようになった。大田の顕忠院には国家社会貢献者の墓所があり、その一画の小高い斜面を登っていくと最上段の列に英雄孫基禎が眠っている。帝国日本と朝鮮の、そして解放後韓国社会のスポーツに貢献した英雄の生涯を振り返る。

新義州から京城へ

孫基禎は一九一二年一〇月に平安北道新義州にて生を受けた。新義州は鴨緑江のほとりに位置する町である。孫基禎が生まれる一年前には安東と新義州の間の鴨緑江をまたぐ鴨緑江鉄橋が完工し、この鉄橋の架橋によって朝鮮の京城から満洲の奉天まで鉄道（京義線から安奉線）がつながり、新義州は満洲への入り口となっていた。

新義州は冬になると極寒の地となり、鴨緑江は天然のアイスリンクと化した。安東と新義州の市民は凍った鴨緑江でスケートをして楽しんでいた。孫もスケート靴を手に入れることが夢だったが、雑貨屋の父と行商の母の稼ぎはそれほど良くはなく、貧しい暮らしのなかでスケート靴を手に入れることはできなかったという。費用のかからない「走ること」は孫が選ぶことのできた唯一のスポーツであった。

孫の通っていた若竹普通学校は自宅から二キロほど離れた場所にあり、学校までの道のりを走って通うのが日課だった。子どもの頃から走ることが得意だった孫は担任の李一成《りいっせい》《イイルソン》の目に留まり、走り方の指導を受けた。李一成は長距離種目の平安北道代表選手だった。一九二六年一〇月、普通学校五年生のときに安東と新義州の都市対抗戦である安義対抗陸上競技大会に出場し、五〇〇〇Mで二位となっている。

普通学校卒業後は、進学する経済的余裕がなく、一旦地元の印刷所に就職した。しばらく経ってから、仕事をしながら走る練習もできると、李一成の勧めもあって日本の長野県諏訪市に行き、呉服店に勤務している。ただ期待していた生活状況とは異なり、失意のうちに新義州へと戻り、穀物問屋へ再就職し、鴨緑江沿岸でのトレーニングを再開したのであった。

一九三一年には平安北道の代表として朝鮮神宮大会に出場し、五〇〇〇Mで二位となる。翌年一九三二年の第二回京永マラソン大会にも出場し、二位の成績を残したのであった。そしてこの年の四月に陸上競技の名門であった養正高等普通学校（以下、養正高普）に入学した。

養正高普には金恩培《きんおんばい/キムウンベ》がいた。峰岸昌太郎の指導のもとでその才能を開花し、孫が入学したときにはすでに朝鮮を代表するランナーとなっていた。孫が養正高普に入学した一九三二年はロサンゼルス五輪を控えており、マラソンの日本代表を選考する最終予選が東京で行われた。金恩培と孫は朝鮮代表としてこの予選に挑み、金恩培が見事マラソンで二位となり、代表に内定する。孫は五〇〇〇Mと一万Mに出場したものの惨敗を喫し、代表にはなれなかった。しかし、この負けをバネにしてトレーニングに励む。その成果がその後の競技成績に現れ始め、一九三三年の第三回京永マラソン大会に優勝し、一九三三年、一九三四年の朝鮮神宮大会のマラソンにも優勝、さらに一九三五年のベルリン五輪代表予選を兼ねた第八回明治神宮大会では二時間二六分四二秒という世界最高記録を打ち立てて優勝したのであった。ロサンゼルス五輪の選考会で挫折を味わった孫は帝国日本の最高のランナーへと成長し、ベルリンへ向かうことになったのである。

ベルリン五輪での栄冠

一九三六年八月、ヒトラーによる「オリンピアード開催」の宣言が高らかにベルリンのスタジアムに響きわたり、多くの観衆がナチス式の敬礼でヒトラーとナチスを称えるなか、ベルリン五輪は幕を開けた。

マラソンは陸上競技の最終日にあたる八月九日に行われた。この大会の本命はアルゼンチンのザバラであった。スタートからザバラはハイペースで先頭を突き進んでいく。多くの選手がザバラについていこうとしてペースを乱し、相次いで脱落するレース展開となった。

ザバラが先頭のまま序盤のレースは進んだ。はるか後方を走っていた孫基禎からはザバラの姿が見えなくなり、焦り始めた孫は前方のザバラに追いつくためにペースを一気に上げようとした。その瞬間、同じく優勝候補の一人であったイギリスのハーパーが「スロー、スロー」と声をかけてその動きをたしなめたという。ハーパーの言葉で落ち着いた孫は急速なペースアップはせず、ハーパーと並走しながら少しずつ先頭のザバラとの距離を縮めていった。

ザバラは前半のオーバーペースがたたり、ペースが落ちてきた。孫は三〇キロ付近でザバラをとらえ、ついに抜き去った。レースは一変した。その後、脱落したザバラを背にして孫はトップに立った。並走していたハーパーは横にはおらず、後方にいた。孫はペースを落とさずにそのままの勢いで観衆の待つスタジアムまで独走し、大歓声のなか二時間二九分一九秒二のオリンピック新記録でゴールテープを切った（図21-1）。孫がベルリン五輪のマラソンを制したのであった。帝国日本におけるオリンピックでのマラソン優勝は金栗四三が初めてマラソンに臨んだ一九一二年のストックホルム五輪以来、日本陸上競技界の悲願であり、二四年の時を経て朝鮮出身の一青年がその夢を実現したのであった。

この優勝に日本・朝鮮の新聞各紙で歓喜の見出しが躍った。双方のメディアは孫基禎の優勝を歓迎するものであった。しかし朝鮮の『東亜日報』（八月二五日付）には表彰台に立つ孫の日の丸が消し去られた写真が掲載された（図21-2）。朝鮮総督府は、この行為が当時の植民地政策のスローガンである内鮮融和を侵害するものとして東亜日報社に無期停刊の処分を下す大事件にいたったのであった（日章旗抹消事件）。この事件をきっかけにマラソンの英雄孫基禎は、朝鮮人の民族意識を鼓舞する危険人物として特高警察や朝鮮総督府の監視下にさらされる存在となった。

図21-1　ベルリン五輪のゴールシーン（朝日新聞社編『アサヒスポーツ』1936年9月号）

ベルリン五輪後、朝鮮に戻った孫は普成専門学校に一旦入学するも半年で退学し、その後、日本に渡って明大に入学した。普成専門学校では駅伝や長距離種目で活躍したものの、

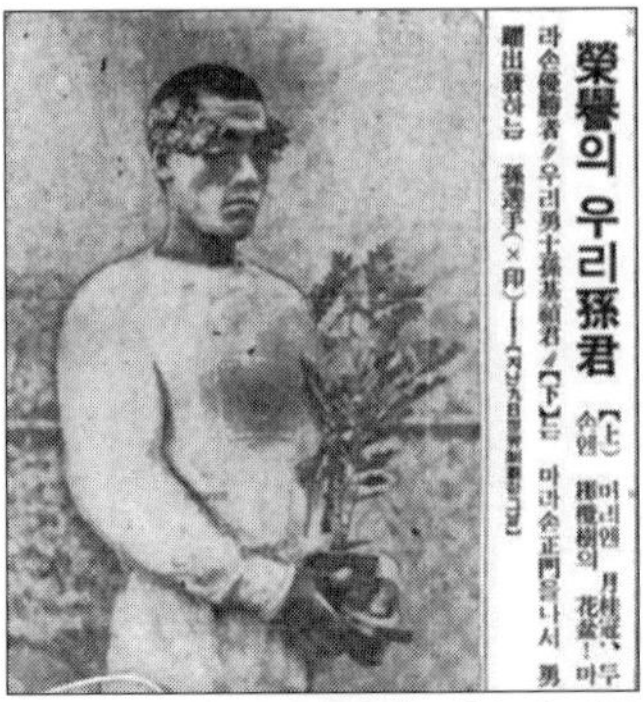

図21-2　消された日章旗（『東亜日報』1936年８月25日）

明大に入学してからは競技を行わず、マラソンからは遠ざかっていった。一九四〇年三月に明大を卒業した孫は朝鮮に戻る。朝鮮陸上競技連盟の会長であり、朝鮮貯蓄銀行頭取の伊森明治の紹介で朝鮮貯蓄銀行へと就職したのであった。またこの前年一九三九年一二月には、孫が朝鮮の数々の大会で活躍していた頃に短距離種目で活躍した女性アスリート姜福信《きょうふくしん》《カンボクシン》と結婚していた。孫は朝鮮で新たな生活を始めたのだった。

一九四三年、アジア太平洋戦争の最中、日本で学徒の戦時動員が行われると、朝鮮でも学徒志願兵が募集されることになった。そのとき組織された学徒先輩中堅団は朝鮮人学徒兵を送り出すために民族を代表する朝鮮人名士らによって構成され、朝鮮人自らが朝鮮人学徒を募集することに駆り出される。孫もその団員の一人として活動せねばならなかった。

韓国スポーツ界への貢献

一九四五年八月一五日の日本の敗戦により植民地支配から解放された朝鮮半島では、一〇月に京城運動場で解放を祝賀する自由解放慶祝総合競技大会が開催された。そこには太極旗をもち、涙を流す孫基禎の姿があった。翌一九四六年八月にはベルリン五輪での優勝を記念したマラソン制覇十周年記念式典が徳寿宮で催されている。その席にはのちに大韓民国初代大統領となる李承晩《りしょうばん》《イスンマン》や植民地時代に上海臨時政府を組織して民族運動に努めてきた金九《きんきゅう》《キムグ》の姿があった。

孫は新たな人材を発掘するために金恩培、権泰夏《ごんたいか》《ゴォンテハ》、南昇龍《なんしょうりゅう》《ナムスンニョン》らとともにマラソン普及会を組織し、朝鮮でのマラソン普及に従事する。一九四七年四月のボストンマラソンでは教え子の徐潤福《じょじゅんふく》《ソユンボク》が二時間二五分三九秒の記録で優勝し、再び朝鮮は沸き返った。さらに一九四八年のロンドン五輪でトレーナーとして代表団に随行すると、つづく一九五二年のヘルシンキ五輪でも韓国選手団の役員を務めている。国内では陸上競技連盟の会長を務めるなど韓国のスポーツ振興に尽力したのであった。

一九七〇年八月には孫の国籍の記載をめぐって一つの事件が起きる。ベルリンを訪れた韓国の国会議員朴永禄《ぼくえいろく》《パクヨンノク》がオリンピックスタジアムの石壁に刻まれた孫基禎の国籍「ＪＡＰＡＮ」をのみと金槌を使って削り取ったのちに「ＫＯＲＥＡ」と刻み直し、スタジアムをあとにしたのである。朴永禄は不法侵入および公共財産破壊の容疑で西ドイツ警察から逮捕状が出された。彼は実際には逮捕されることはなかったが、この事件をきっかけに孫の国籍についての議論が続くことになった。

英雄孫基禎は帝国日本の権力や国家間のナショナリズムに翻弄され続けたが、解放後の孫基禎が最も輝いたのは一九八八年のソウル五輪のときだったかもしれない。聖火ランナーとしてオリンピックスタジアムに現れた孫は、軽やかに喜びに満ちた姿でトラックを駆けた。世界の人々がベルリンの覇者孫基禎に再びまみえた瞬間だった。ベルリン五輪における日本・朝鮮の英雄は、時を経て開催されたソウル五輪の開会式で、韓国の英雄としてスタジアムを駆けたのであった。

（金誠）

参考文献
鎌田忠良『日章旗とマラソン：ベルリン・オリンピックの孫基禎』潮出版、一九八四年
金誠『孫基禎—帝国日本の朝鮮人メダリスト』中公新書、二〇二〇年
寺島善一『評伝孫基禎：スポーツは国境を超えて心をつなぐ』社会評論社、二〇一九年

22 徐廷権〔じょていけん／ソジョンゴン〕

ボクシングの道

徐廷権は一九一二年一二月三一日に全羅南道順天にて生まれた。徐丙奎《じょへいけい》《ソビョンギュ》の四男三女のなかの三番目の子だった。徐の一族は順天の富農であり、不自由のない幼少期を過ごした。

徐にとって最初の転機は一六歳のときだった。京城の中東中学校に合格し、京城での生活を始めたのである。しかし、学校での勉強には関心が湧かず、友達とあちこちうろつき回ることを楽しんでいた。そんなとき、たまたま立ち寄った映画館団成社で拳闘映画を見て、ボクシングに興味をもった徐は、ボクシングを習うためにYMCAのボクシング道場の門を叩く。しかし、「その小さな体で？」という言葉に自尊心が傷つき、ボクシングどころかなにもせずにそのままリングを降りてしまったのであった。最初のボクシング入門はあっさりと幕を閉じた。

黄乙秀との出会い

一九二九年六月、徐は日本に渡った。日本には明大に通う兄徐廷昱《じょていいく ソジョンウク》がいた。表向きは兄のように日本で勉強するということだったが、日本でボクシングを習うことが目的だった。

ボクサーを目指して日本に渡ってきた弟に兄はあきれていたが、むげに扱うこともできず、ある友人を紹介する。この兄の友人こそが朝鮮人としてアマチュアボクシング界で活躍する黄乙秀《こういつしゅう ファンウルス》だった。黄乙秀と徐廷昱は徽文高等普通学校の同期で、ともに明大に留学していた。のちに黄乙秀は徐廷昱の妹と結婚、徐と親戚になっている。彼はこの数年後にロサンゼルス五輪の日本代表選手に選出され、朝鮮人でオリンピックに最も早く参加した一人となった。

黄乙秀は徐にワンツーのストレートやステップを教えてみたが、筋が良く、そのボクシングセンスに目を見張る。黄は自身が所属する日本拳闘倶楽部に徐を連れて行くことにした。

日本拳闘倶楽部は一九二一年に創立された日本で初めての本格的なボクシングジムであった。設立者渡辺勇次郎は日本ボクシング界の開拓者として「日本ボクシングの父」としてあがめられている。渡辺は一八歳でアメリカに渡り、カリフォルニアを中心にアメリカ太平洋沿岸地域でライト級の四回戦選手として活躍し、当時の太平洋地域四回戦選手のなかでは最強だった。アメリカから帰国した渡辺は日本拳闘倶楽部を創立し、日本ボクシングの発展に寄与したのであった。

渡辺勇次郎は黄乙秀が連れてきた徐を直接指導した。少しずつボクシングを覚えていった徐は一九二九年一一月八日、第五回明治神宮大会拳闘一部フライ級に出場した。このデビュー戦はフライ級の名選手である伊藤勇との対戦だった。結果はＫＯこそされなかったものの、ほろ苦い敗戦でのデビューとなった。

一一月下旬には全日本アマチュア選手権大会が開催された。徐は雪辱を誓い、出場を決意する。この大会では神田商業学校の選手を一方的に退け、判定勝ちをおさめた。同大会での活躍により、徐はボクシング関係者の注目を浴び始める。まず植民貿易語学校から厚遇での入学・入部を切望されて入学し、全日本アマチュアボクシング学生選手権大会のフライ級で優勝する。すると次に専修大学ボクシング部からスカウトを受け、専修大学へと移籍し、一八歳で大学生となった。一九三〇年のことだった。そしてこの年、全日本アマチュア選手権をはじめとして、三つの大会に出場し、すべての大会で優勝をさらったのであった。

アメリカでの挑戦、世界ランカーへ

一九三一年、一九歳の徐廷権は日本拳闘倶楽部のプロ部の創設に伴い、プロへと転向する。もちろん、彼のマネージャーは渡辺勇次郎だった。四月二〇日に行われた試合はプロとして初めての試

図22　ボクサー姿の徐廷権（한국체육사편찬실편『이야기한국체육사⑨복싱①』）

合となった。相手は柏村五郎だった。柏村は一九二六年からフライ級とバンタム級のチャンピオンを経てきている軽量級の最強ボクサーだった。強敵との試合ではあったが、競技開始一ラウンド一分でＫＯ勝ちし、この勝利から破竹の勢いで勝ち星を重ねていくことになる。プロデビューからアメリカに渡るまでの間に二六戦全勝（二七戦全勝説あり）の記録を打ち立て、当時「無敵の徐廷権」と呼ばれた（図22）。

こうした日本での活躍が引き金となり、徐は渡辺勇次郎とともにボクシングの本場アメリカに活動の拠点を移すことにする。一九三二年四月二六日にアメリカへ渡る船に乗った。これが三年間のアメリカ生活の始まりだった。渡米後の一九三二年五月二七日がアメリカでの初試合の日となった。対戦相手はジャック・カノ。フェザー級の選手だった。第四ラウンドに左フックが決まり、ＫＯにて勝利した。これを皮切りに、続く試合で三連続ＫＯ勝ちをおさめる。次の試合もＫＯで勝利し、四連続勝利。その後も判定勝ちで二試合を制し、六連勝を果たしてから、フィリピン出身の選手、ヤング・トミーとの対戦になった。

一九三二年八月一一日、プロとして初めての敗北となる試合が始まった。一〇ラウンドを戦い抜いたが判定により負けとなる。積み重ねてきたプロでの戦績は三二連勝でストップした。この敗戦をきっかけにマネージャーが渡辺勇次郎からフランク・デイバーへと代わることになり、フランクとともに活動の拠点をハリウッドに移す。

一九三四年、アメリカボクシング界を牽引するNBA（全米ボクシング協会）は各階級におけるチャンピオン制度、ランキング制度を整える。その結果、徐はこの年末のエバーラストの拳闘年鑑でバンタム級六位にランキングされた。帝国日本における初めての世界ランカーの誕生だった。その後、世界チャンピオンへの挑戦者としてニューヨークの舞台に立つ予定だったがそれは実現しなかった。一九三四年九月二八日にようやくバンタム級のタイトルマッチに臨むことができたものの、一〇ラウンド判定でフィリピンのスピーデー・ダドに敗れ去った。この試合での敗戦後から勝つ試合よりも負ける試合の方が多くなっていった。

凱旋、そしてピストン堀口との対戦

一九三五年、徐廷権はビザの関係でこれ以上アメリカに滞留することができなくなり、日本へと帰国せねばならなくなる。一九三二年にアメリカの地を踏んで以来、三年間で五三戦三一勝二二敗の記録を残して、六月二八日に帰国の途についた。

日本へ帰着した徐は九月一三日、四年ぶりに朝鮮の地を踏む。九月一五日には京城駅へと到着し、朝鮮の人々の大歓迎を受け、朝鮮総督府の用意したオープンカーに乗って京城市内を三時間ほどパレードして回ったという。朝鮮の生んだ英雄ボクサーの凱旋であった。一〇月二〇日、徐の凱旋を機会に彼の姿を見たい朝鮮の人々のために京城運動場の庭球場でボクシングの試合が行われた。結果は四ラウンドKO勝利。朝鮮の人々は徐の姿を目の当たりにして束の間の熱狂に酔いしれたのだった。

徐は再びアメリカへ向かうために一九三五年一一月、朝鮮から日本へと戻る。その頃、日本のボクシング界では新たなスーパースターが登場していた。ピストン堀口である。年齢が二歳しか変わらない同世代のボクシンング界の英雄の登場で、徐のかつての栄光はかすみつつあった。ピストン堀口はフェザー級で、バンタム級の徐よりも一階級上だったのだが、徐はアメリカでもフェザー級の相手と対戦してきた経験があり、帝国日本で初の世界ランカーである徐と、連勝を重ねるピストン堀口との対戦はボクシング界期待のカードとなっていた。

時を経て、そのカードは実現する。一九三七年一月四日、徐は連勝を続けるピストン堀口と拳を交わすことになった。結果はピークを過ぎていた徐と絶頂期にあったピストン堀口との明暗を示すものとなった。四ラウンドTKOで徐廷権はニューヒーローの拳の前に敗れ去った。この試合の様子は次のように報じられている。

徐の左右フックの頭、顔、顎に掛けての、或ひは右フックの横腹への反撃は予想以上の鋭さを見せ、第一ラウンドの立ち上りに意外なフオームで一抹の不安を漂はした堀口を脅やかすに足るものがあつた。しかも、堀口のあらゆる角度から精力的に打ち込まれる多彩なパンチに頑として耐へた強靭な徐の顎は流石に往年の雄姿を想はせたのであるが、最高潮時を過ぎた体力の喪失はパンチを馳駆させる腕と足のスピードを漸減せしめて一路敗退への途を急がせる素因を作つた。

（『読売新聞』一九三七年一月五日）

ピストン堀口に敗れた徐はこの年を境にリングから離れ、その後、伝説のボクサーとして語り継がれるようになり、一九八四年八月にその生涯を終えた。

（金誠）

参考文献
徐廷権「나는 왜 世界舞台에 나섰나」『三千里』七巻九号、一九三五年一〇月
한국체육사편찬실편『이야기한국체육사⑨복싱①』국민체육진흥공단、一九九九年

23　曺寧柱と大山倍達〔そうねいちゅう／チョニョンジュ　おおやますたつ〕

東亜連盟運動へ

第一次世界大戦が終わり、それまでのヨーロッパの戦史を学んだ陸軍の石原莞爾は、日蓮主義者の田中智学の影響も受けて「世界最終戦争」の構想を抱くようになった。この「世界最終戦争」においで満洲の存在が欠くべからざるものであることを認識するようになった彼は、一九三一年九月に満洲事変を自らの上官である板垣征四郎と首謀して引き起こし、その後の関東軍による満洲国建国の足掛かりをつくった。

その石原は一九三九年一〇月に東亜連盟協会（一九四二年九月から東亜連盟同志会）を木村武雄、宮崎正義らとともに創設する。これは、「世界最終戦争」に備えるための政治的・経済的組織の再編を東アジアの国々をまとめることで実現していこうとするものであった。この東亜連盟運動への賛同者は一万人を超えたと言われ、その多くの賛同者のなかに牛島辰熊（33）や福島清三郎などの柔道家がいた。東亜連盟運動のこうした武道人脈がやがて朝鮮人曺寧柱を東亜連盟運動へと導くことになっていく。

民族主義からの転向

曺寧柱も大山倍達（朝鮮名は崔永宜《さいえいぎ》《チェヨンイ》）もともに日本の植民地支配下の朝鮮半島で生まれた。曺は一九一三年に慶尚北道醴泉の富裕な地主の家に生まれ、幼少期は伝統的な書堂に通った。そこで反日的な教育を受ける一方、中国を尊ぶ教育を受けたという。一九二〇年代には京城高等普通学校に入学し、当時の朝鮮人学生たちの思想状況に影響を受けてマルクス主義者となり、マルキストの立場から朝鮮の独立を目指す民族運動に参加するようになった。一九二九年に起こった光州学生運動のときには、京城で同盟休校を促す活動を行い、この学生運動への参加が京城高等普通学校を中途退学する原因ともなり、一九三二年に日本へと渡ることになった。

日本に渡った曺は私立京都中学校を卒業して、立命館大学に入学する。そこで空手と出会う。当時の立命館大学には正式な部活動としての空手部がなく、大学内で空手研究会を組織していた山口剛玄らと壬生に残る新撰組の屯所跡で空手の稽古をしていたという。ボクシングとウェイトリフ

図23−1　若かりし日の曺寧柱（『月刊空手道』Vol. 254、1995年10月号）

ティングを経験していた曺は、山口から剛柔流空手の手解きを受けて、メキメキと頭角を現し、立命館大学空手部の代表的存在となっていった（図23−1）。

　空手部の活動が順調になってくると、京都帝大、同志社大学など周辺の各大学からも空手を習いにくる学生が集まり、より多くの学生が活動できる道場が必要となる。そのようなとき、山口と曺は、山口と同様九州出身の福島清三郎に義方会道場の使用許可を求める。福島は快くこの要望を受け入れて使用を承諾し、義方会道場で立命館大学空手部の活動が行われるようになった。

　義方会は福島清三郎と牛島辰熊によってつくられた組織であり、空手ではなく、柔道の指導が行われていた。福島は満洲の建国大学、大日本武徳会武道専門学校で柔道を指導し、また立命館大学でも柔道を教えていた。山口と曺はまずは空手を行える場所の確保が目的で福島に会いに行ったが、二人はいつか満洲に行って活動することが夢でもあり、福島に近づくことがその実現の可能性を広げることになると考えていた。実際に山口は、のちに満洲へと向かうこととなる。

　曺にとって、この福島との出会いは大きかった。なぜなら福島は、盟友牛島の強い影響から石原莞爾の構想する東亜連盟運動を推進する人物の一人で、運動への参加を実際に曺に呼びかけた人物だったからである。曺は朝鮮でマルクス主義に心酔し、その思想のもとで民族運動に奔走してきたが、この時期、日本における共産主義者の相次ぐ転向の知らせを耳にするなかでマルクス主義の敗北・挫折感を味わっていた。こうした閉塞感は空手を通して関わることになった東亜連盟運動への参加と満洲への憧れによって打開され、彼を東亜連盟運動へと導いていった。

師弟の出会い

大山倍達（崔永宜）は、一九二二年六月に全羅北道金堤郡龍池面の裕福な農家の四男として生を受けた。初等教育は地元の龍池公立普通学校で受けている。この頃、ボクシングを知り、その鍛錬に没頭していたという。その後、一九三四年に復興普通学校へと転校し、将来の具体的な夢を描くようになる。果敢な子どもだった当時の大山の夢は日本の「軍人」になることだった。三人の兄たちが日本に渡って大学へ入学し、彼らの日本での生活の便りを耳にするたびに、渡日への思いは強くなるばかりだった。軍人志望の大山は陸軍士官学校への入学を目指すようになっていた。

一九三九年の春、京城英彰学校から退学処分を受け、実家から勘当された大山は、日本へ渡る機会をうかがうために釜山の親戚の家に滞在していた。この釜山で大山は曺寧柱に出会う。この頃、曺は東亜連盟運動に参加するようになっており、釜山で開かれた東亜連盟の講演会に来て、朝鮮の人々に民族協和の思想を説いていたのだった。講演会後に曺と面会した大山は、初めて空手と東亜連盟の思想について曺から教わったという。この出会いがきっかけとなり、この年の暮れに日本に密航というかたちで下関に渡った大山は、やがて曺のいる京都へと向かうこととなる。

京都に着いた大山は義方会で曺に迎えられ、隣接する協和塾での生活が始まった。協和塾で石原の東亜連盟思想を学びながら、義方会道場で剛柔流空手の稽古に励む日々であった。曺は協和塾で大山と寝食をともにしながら、空手の基礎を指導した。大山に対して空手を本格的に指導したのは戦後だと曺が回想していることからも、このときはまだ剛柔流空手の基本の動きを指導しただけであった。

ただ大山の京都滞在は長くはなかった。陸軍士官学校を目指すために、その受験資格を手にする必要から、曺の勧めもあって山梨航空技術学校に入学することを決める。そのため京都での滞在は三カ月で切り上げ、次は関東へと向かった。航空技術学校に無事入学できた大山は、卒業後は自身の夢をかなえるために陸軍士官学校の入試に臨むものの、うまくいかず、その後、徴用工として千葉県の館山で肉体労働に勤しみ、そのまま終戦を迎えることとなった。

一方、曺は東亜連盟の活動に奔走していたが、一九四二年に治安維持法違反の罪で検挙され、一九四四年一〇月まで刑務所で過ごしている。出所してからは拠点を東京に移す。昼間は工場で日本に来た朝鮮人徴用工の日本語の指導や監督にあたり、夜間は士道館という道場で空手を指導する生活だった。東京の道場には牛島辰熊の弟子であった木村政彦が訪ねてきて、空手の指導を行ったこともあった。曺は回想のなかで、木村に教えた空手（手刀）が、のちに力道山の「空手チョップ」

の発想につながったとも述べている。こうして曺は剛柔流空手の指導と信奉する東亜連盟運動の朝鮮人旗手としての役割を担いながら終戦を迎えた。

戦後の師弟関係

第二次世界大戦後、日本はGHQ／SCAPの占領政策のもとで、戦時における教育を刷新するため、学校での武道活動が禁じられる。しかし社会における武道活動は禁止されず、社会体育としての武道は脈々と受け継がれていった。

戦後も日本に留まった在日コリアンたちは、共産主義を信奉する者たちと、そうでない者たちとの間で闘争を繰り広げたが、その闘争のなかで空手は戦うための身体技術としての役割を果たすことになる。東亜連盟運動を推進してきた曺寧柱としては反コミュニズムの立場から、左派の主導する在日朝鮮人連盟に対抗する組織として発足した在日朝鮮建国促進青年同盟（以下、建青）に合流することは必然的な流れであった。成立した建青のなかに中央青年訓練所があり、そこに永和空手研究所が設置され、曺は彼を訪ねてきた大山とともに建青の若き在日コリアンたちに戦闘技術としての空手を指導した。

曺は故国が分断されてからは、在日大韓民国居留民団（以下、民団）の幹部として民団と母国韓国との交流に力を尽くした。曺の在日コリアン人脈は興味深く、町井久之こと鄭建永《ていけんえい》《チョンゴニョン》、柳川次郎

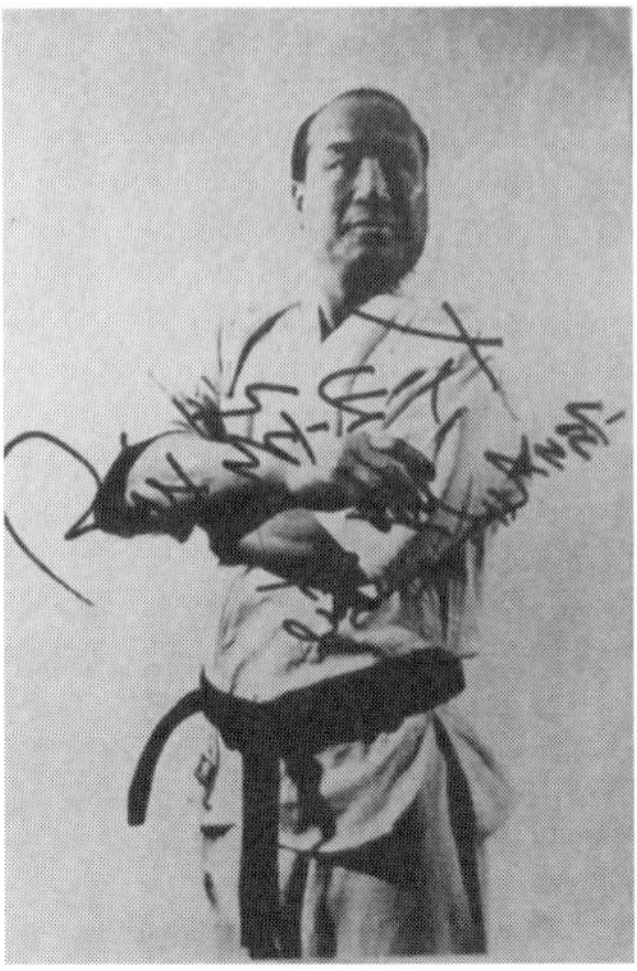

図23-2　**極真会館を創設した大山倍達**
（『月刊空手道』Vol. 255、1995年11月号）

こと梁元錫《りょうげんしゃく》《ヤンウォンニク》、さらに戦前から師弟関係にあった大山倍達こと崔永宜らは、みな、曺と深い関係にあり、これに加えて第三・第四共和国の大統領であった朴正煕《ぼくせいき》《パクチョンヒ》とも懇意にしていた。空手に始まり東亜連盟運動へとつながっていった彼の人脈は、在日コリアン世界と大韓民国を結びつける役割も果たした。

　大山倍達は伝統的な日本の空手界からは異端視されたものの、極真会館を世界的にも有名な空手団体にまで押し上げ、空手を世界に普及する役割を果たした（図23-2）。フルコンタクトと言われる彼の実戦空手は、大山の数々の伝説とともに世界の人々を魅了することになったのである。しかし、大山は極真会館が成功すればするほど、かつての師である曺との関係を隠すようになる。そして朝鮮人「崔永宜」を捨て、日本人「大山倍達」として生きようとした。ただそれは在日コリアン世界との関係と空手を切り分けたのではなく、日本名で生きることを一つの戦略とし、かつ子どもの頃から夢見た日本の軍人への憧れを象徴的に示すものであったと考えてみるとどうだろうか。

　ともに朝鮮が日本の植民地であった時代に日本に渡ってきた二人は、空手を通して師弟としての関係を築き、戦前・戦後の日本社会のなかで生きていく道を自身の思想に基づき選んでいった。被支配民族であった朝鮮人が空手を通して帝国日本を、そして帝国崩壊後の日本社会を、どのように生きたかを示してくれる事例であろう。

（金誠）

参考文献

小島一志・塚本佳子『大山倍達正伝』新潮社、二〇〇六年
松田利彦『東亜連盟運動と朝鮮・朝鮮人：日中戦争期における植民地帝国日本の断面』有志舎、二〇一五年

幻のトリプルジャンパー

24 金源権〔きんげんけん／キムウォングォン〕

悲運のジャンパー

一九四〇年に開催される予定だった東京五輪は、日中戦争の収束が見えないなかで一九三八年七月に返上することが決定され、幻のオリンピックとなった。歴史に「もし」はタブーだが、もしこのとき、東京五輪が開催されていたのなら、ベルリン五輪で金メダルを獲得した孫基禎《そんきてい》《ソンギジョン》（21）に続いて、朝鮮人選手が金メダルを獲得する可能性があった。その可能性を秘めていた人物こそが金源権である。

金源権は走幅跳と三段跳を得意とする跳躍種目の選手であった。ベルリン五輪後の一九三〇年代後半に日本陸上競技界に彗星のごとく現れ、一九四〇年代前半にかけて絶頂のパフォーマンスを披露していた。一九二八年アムステルダム五輪の織田幹雄、一九三二年ロサンゼルス五輪の南部忠平、一九三六年ベルリン五輪の田島直人といった名選手らによって、オリンピック三連覇がなされていた三段跳で、次の時代を担う選手として金源権に期待の目が向けられていた。知られざる幻のトリプルジャンパーは帝国日本の戦前・戦後を朝鮮人スポーツ選手としてどのように生きたのか、彼の歩んだ軌跡を見てみたい。

身体能力の開花

金源権は一九一八年二月（一二月一三日説あり）に黄海道安岳郡で生まれた。父はその地の地主であったという。スポーツに興味をもったのは海州高等普通学校（以下、海州高普）時代からだった。それまでは体も小さく、目立った身体能力を示さなかったが、海州高普三年生のときに陸上競技部に入部し、日本人教師石川太郎の指導によってその才能が一気に開花する。この頃、日本人教員と短距離走で勝負したことがあった。高等普通学校というと今の中学生の年齢である。足に自信があり、生徒に負けるはずがないと思っていた日本人教員に軽く勝ってしまったというエピソードが残っている。この頃から大人をしのぐほどの脚力をもっていたのである。

金は海州高普時代から一般成人を含む朝鮮の陸上競技記録で五傑に入る記録をもっており、一九三五年度に走幅跳は六M三九で五位、三段跳は一三M二三で四位の記録を出し、その年度の朝鮮陸上記録保持者としてランクインしていた。一九三六年には朝鮮中等陸上競技の走幅跳で六M五六、三段跳では一四Mの大会新記録を出していずれの種目も優勝している。一九三七年一〇月には、平南地区の代表選手として第一三回朝鮮神宮大会に出場し、三段跳で一五M二三を記録して優勝するなど、朝鮮の陸上競技界で頭角を現してきていた。

一九三七年頃、海州高普を卒業して、一旦は日本に渡り、明大に在籍したという。兄金源龍《きんげんりゅう》《キムウォニョン》が明大に在籍したことがあるため、日本への留学を決意したのかもしれないが、まもなく朝鮮に戻り、普成専門学校（以下、普専）に転学している。前述のように一〇月の朝鮮神宮大会に平南の代表選手として参加しているため、もし留学していたのが事実であれば、留学時期は一九三七年の春から秋にかけてのことだと思われる。

ともあれ普専へと進学した金はさらなる飛躍を見せ、一九三八年には帝国日本の陸上競技界で一躍注目を浴びる選手となった。奇しくも東京五輪の返上が決まった七月にその大躍進は始まっている。まず七月三日に京城運動場で日満対抗陸上競技大会の選考を兼ねて開催された一般対学生陸上競技大会に出場し、三段跳で一五M三〇というこの年の日本最高記録（世界最高記録は田島直人の一六Mであった）をいきなり出して優勝し、また走幅跳でも七M三一で優勝し、日満対抗陸上競技大会の日本代表選手として選出されたのである。

七月一八日には大連で開催された全満洲との対抗競技大会の走幅跳で七M五四という驚異的な記録（朝鮮および満洲新記録）を叩き出し、この種目の対抗戦を制すると、つづく七月二三、二四日に新京の新京西公園競技場で開催された日満対抗陸上競技大会に走幅跳と三段跳の二種目に出場した。このときの大会パンフレットには、「金源権君は普成専門で最近三段跳に15米30と云う今年世界最高記録を出した人、百米を10秒8でカバーするスプリントはロングジャンプに多幸の将来を期待せられ多士済済の跳躍を代表する人として申分あるまい」と紹介され、すでに日本陸上界至宝の朝鮮人アスリートとして期待されていたことがわかる。この満洲との対抗戦でも出場した三段跳で一五M四五を記録し、見事優勝した。

この年の躍進はこれだけに止まらない。八月二一日に奉天の国際運動場で開催された第五回鮮満対抗競技大会にも出場し、三段跳で一五M六三というその年の世界最高記録をつくったのである。東京五輪は返上されたものの、代替として行われる予定であったヘルシンキ五輪での活躍が期待される記録を打ち出したのだった（ヘルシンキ五輪も第二次世界大戦のため中止）。

一〇月には全日本東西対抗陸上競技大会が開催され、西側（朝鮮は西側）の代表選手として選出されている。代表に選ばれた金は、「若い私が代表に選ばれたのも先輩の御指導の賜ですが先日甲子園の三段跳では狙つた世界記録を遂に逸してしまつたので今度こそ神宮競技場で16米を突破してやらうと大いにハリ切つてゐます」と大会に臨む抱負を語っていた。こうしたコメントからも世界記録を意識できるほど、精神的にも身体的にもコンディションが良かったことを感じさせる。この大会は走幅跳で七M三〇を記録し、優勝を果たしている。

一九三八年度の金の活躍は日本陸上競技界にとって喜ばしき出来事だった。一二月に『読売新聞』は以下のように金源権を評価している。

男子の成績はこのやうにひどく低調なものであつたが併しこの中から将来への希望をつなげる優れた素材が全然見出されなかつたわけではない、例へば三段跳に金源権の出現した如きは今年最大の収穫で戸上（関大）が春の学生大会で傷ついた不幸を補つて余りあり、あの若さとしなやかな心身が素直に伸びて技術的に磨きがかゝり良いコンデイシヨンが与へられたら16米突破の日も決して遠くはないと思はれる。

（『読売新聞』一九三八年一二月八日）

このあとの記事には、オリンピックでのメダルをつないできた織田幹雄、南部忠平、田島直人、原田正夫ら日本有数の三段跳選手の後継者として登場してきた金への期待が述べられていた。

国際競技大会での活躍

翌一九三九年は国際競技大会参加のためにヨーロッパに遠征した。七月から八月にかけてドイツのシュツットガルトで開催された日独対抗陸上競技大会では、その初日に三段跳で一五M三〇を記録して優勝している。つづくブラウンシュヴァイクでの競技会では走幅跳で七M〇五を出して一位となり、八月末にウィーンで開催される国際学生競技大会（ユニバーシアード）に向けて、万全の成績と仕上がりを見せていたのであった。

国際学生競技大会には初日の八月二四日に登場している。初日の競技種目は三段跳であった。金源権は一五M三七の記録を出して国際競技大会での優勝を手にした。国際的な大会での優勝はこれまで以上に価値ある勝利であったことは言うまでもない。当時の『東亜日報』には金の写真つきで「国際学生競技に金源権君また優勝」という見出しで「三段跳には金源権選手が十五米卅七で断然優勝し、国歌奏楽裡に大日章旗をウィーンの競技場に空高く掲揚、スタンドの邦人を感激〔させ〕、国歌を斉唱」という記事が掲載されている。金は日本から遠く離れたウィーンの地で日の丸を掲げたのだった。これは日本代表選手として一つの目的が成就した瞬間でもあった。大会を終えて一〇月一八日に横浜に戻ってきた。一九三九年は長きヨーロッパ遠征の日々であった（図24-1）。

図24-1　遠征中の船上にて（金源権氏のご家族提供）

一二月の『国民新報』には一九三九年のスポーツについて総評が掲載され、陸上競技の項目では金の活躍が「半島競技史に特記すべきは金源権君（普専）で欧州の諸国を転戦しながら、三段跳に断然首位を獲得し、八月二四日維也納《ウィーン》における国際学生陸上大会では十五米三七という快記録を樹立して凱歌を挙げた」と紹介されている。

一九四〇年六月には皇紀二千六百年を奉祝する行事の一つとして第一回東亜大会が開催された。金は三月に東亜大会の日本代表選手に選出されている。この東亜大会は東亜諸民族の精神的結合を図ることに趣旨があり、さらにはスポーツを通じて、東亜の盟主としての日本の地位を確認することに意義があった。東亜の国々を日本に迎え、返上された東京五輪に代わる帝国日本のプライドを取り戻す象徴でもあったことを考慮すると、帝国日本のスポーツの優勢を満洲、中華民国、フィリピンなどの参加国に示す必要があった。

東亜大会は東京と関西で開催され、東京大会は六月五日から明治神宮外苑競技場を中心に各競技が行われ、関西大会は一三日から一六日まで四日間にわたって開催された。金は関西大会に出場した。この大会の開会式は各国代表団一同の橿原神宮への参拝後に挙行され、その後、関西各地に散らばって競技が行われている。金は三段跳に出場、一五M二九を出し、この種目の優勝を果たしている。関西大会での戦績は東京大会以上のものとなっており、大会における所期の目的を達成するものであったという。一アスリートとして大会の目的を果たすことに貢献したのであった。

断たれた夢

一九四一年、普専を卒業した金源権は慶大へと進学することになった（図24-2）。この頃から一つの変化が現れる。氏名を「金源権」から「金山源権」に変更しているのである。これは一九三九年から朝鮮半島で実施されたいわゆる創氏改名の影響を受けていると言わざるをえない。この変化は金に限らず、たとえば同じく普専を卒業して早大に留学していたハンマー投の印康《いんこう》《インガン》煥《かん》《ファン》なども

「高木康煥」と名乗っている。ゆえにこの時期の改名は日本の大学に留学していた朝鮮人アスリートたちの傾向として把握されるものでもある。日本代表選手として活躍する朝鮮人アスリートにとっては日本名を使用しやすい環境にあり、かつそれを促す雰囲気があったのかもしれない。さらに金の場合は兄金源龍の影響も無視できない。かつて明大に留学し、朝鮮に戻った金源龍は朝鮮総督府逓信局に勤めながら、朝鮮陸上競技界において走高跳のトップ選手として活躍していた。その兄が一九四〇年には「金山源龍」という氏名で朝鮮での競技大会や鮮満対抗戦で活躍していたのである。先に「金山」姓を使用していた兄の影響を受けて、「金山源権」を名乗った可能性も否定できない。いずれにせよ一九四一年以降の金源権の活躍は、日本においても朝鮮においても「金山源権」として報じられていく。

図24-2　慶大時代のチームメイトと（左から2人目）（金源権氏のご家族提供）

金は一九四一年も三段跳で好記録を残している。一九四一年五月に中央大学練馬競技場で開催された第一回関東学生新人、第一回東京跳歩、および第五回東京女子中等学校対抗の三陸上大会の三段跳で一五M六六というこの年の世界最高記録を出すと、一〇月の第一回慶大対中大対抗陸上競技大会では五月の世界最高記録を上回る一五Ｍ八二をマークしている。この頃、非公式には一六Ｍを超えるジャンプをしていたとも言われ、この時期はアスリートとして最高のパフォーマンスを示していた。

一九四二年にもその年度の世界最高記録となる一五Ｍ六四を跳び、一九四三年六月には慶大対中央大学の陸上競技対抗戦で、三段跳の自己最高となる一五Ｍ八六という記録を打ち立てた。この自己最高記録は、翌年にロンドン五輪が開催されていれば、十分に金メダルを狙える記録であった。しかし、一九四四年のオリンピックも戦争によって中止され、絶頂期でのオリンピック出場はかなわなかった。これだけの偉大な記録をつくりながらもオリンピックでの金メダル獲得という夢はついえたのである。

その後、戦火が激しくなるなかで競技生活を中断せざるをえなくなり、一九四五年、解放後の朝鮮社会でようやく競技に復帰したのであった。一九四六年六月、金源権は朝鮮陸上競技連盟中央委員会委員として、兄の金源龍や孫基禎、南昇龍《なんしょうりゅう》《ナムスンニョン》、金恩培《きんおんばい》《キムウンベ》らとともに名を連ねている。またこの年一〇月に開催された朝鮮オリンピック大会には高麗大学校（前身は普成専門学校）の教員として参加し、走幅跳と三段跳で優勝している。ただ記録はつねに各年度の世界最高記録を出していたときとは違い、若干落ちてしまっている感は拭えない。戦火に阻まれた数年間の競技中断のなかで競技力のピークは過ぎてしまっていた。

戦後の世界で

それでも金源権は一九四八年のロンドン五輪出場を目指した。一九四六年と一九四七年には朝鮮半島に軍政を敷くアメリカ軍との交流陸上競技にも参加し、走幅跳と三段跳にはつねに勝利していた。そして朝鮮中央陸上競技連盟が主催した第一次オリンピック陸上候補選手詮衡大会に出場し、走幅跳は七M一二で、三段跳は一四M七九の記録を出して見事オリンピック候補選手として選出された。往年の力はまだ後塵を拝するほど衰えてはいなかった。

一九四八年、夢であったオリンピックへの参加がかなう。南北が分断される直前のタイミングで朝鮮からの代表選手団がロンドンへと送られたのである。金は選手団の陸上競技選手兼監督を務めている。ただロンドンでの競技は思うようにはいかなかった。三段跳に出場して決勝まで残ったものの記録は一四M二五と振るわず、一二位となり、金のオリンピックは幕を閉じたのであった。金メダルを獲得したスウェーデンのアルネ・オーマンの記録は一五M四〇であった。アスリートとして自身のピーク時の身体感覚の残像を感じながら、目の前の優勝した選手の跳躍とかつての自分とを重ね合わせて見ていた彼の悔しさと諦めの思いは想像にあまりある。五年前の彼は違う次元で跳んでいた。

陸上競技から離れた金は外交官となり職務に従事することになったという。高麗大学の教員を辞して着任したものと思われる。外交官として日本に大使館を創設する事業に携わることになり、再び朝鮮から日本へと渡ることになったのである。韓国が李承晩ラインを設定する際にも外交官として日本の情報を収集し、代表部の上司に報告するなどの役割を果たしていたともいう。こうして日本での実績が認められ、次は香港へ行くようにと命じられたのだが、家族の環境が変わることを危惧し、香港行きを取り下げ、やがて外交官の職務も辞してしまう。この当時は朝鮮半島が南北に分断されるなか、日本においても民団系（当時は在日本朝鮮居留民団）と総連系（当時は在日朝鮮総連盟から在日朝鮮統一民主戦線）の対立が深まり、外交官としての活動は危険なものになっていた。家族をそうした政治的なことに巻き込みたくない心情が働いたのかもしれない。その後、転身を図り、京都の大覚寺で修行に励むことになる。

神戸市須磨区と長田区をまたいでそびえる高取山という山がある。地域の人々に愛され、六甲山縦走路の一部にもなっている標高三二〇Mほどの小高い山である。その山の北側には源義経の「鵯越の逆落とし」で有名な鵯越があり（須磨一ノ谷付近の鉄拐山・鉢伏山説あり）、その鵯越を臨む高取山の北斜面に飛龍寺という寺がある。晩年の金はこの寺の住職として静かな時を過ごした。韓国から訪ねてくる者も多く、年齢は上だが金の妹を後妻としていた英雄孫基禎が訪ねてくることもあったという。

住職として過ごしていくなかでも陸上競技への思いは消えてはいなかった。金の三男は父親譲りのスプリンターで、関西の大学選手として活躍し、関西代表選手にも選ばれた。息子の活躍、息子への指導は父金源権にとって嬉しいものだった。

一九八八年のソウル五輪前にはＮＨＫが取材に来たことがあった。その際に競技を行うときに民族的なものはなかったかと尋ねられた金は「日本に逆らおうって気持ちはなかったです。あの頃は日章旗を揚げることが目的でしたから。韓国の国旗を揚げろって言われても揚げられるはずがなかったのですから」と答えている。多くの先人たち、たとえば織田幹雄や西田修平らにも跳躍種目で活躍する後輩としてかわいがられた。日本人の友人も数多くいた。帝国日本を生きた朝鮮人アスリートの生の感覚が伝わってくる。

二〇〇〇年一二月に金源権は旅立った。帝国日本の朝鮮人アスリートとして、その運命のすべてを受け入れた大らかな人生であった。

（金誠）

謝辞：

執筆に際し、金源権選手のご家族にインタビュー調査を行った。とりわけご子息の松本潤徳氏には父金源権の記憶を一つずつ紡ぎ出すように語っていただいた。ここに記して厚く御礼申し上げたい。

参考文献

鎌田忠良『日章旗とマラソン』潮出版、一九八四年
金誠『近代日本・朝鮮とスポーツ：支配と抵抗、そして協力へ』塙書房、二〇一七年
高嶋航『帝国日本とスポーツ』塙書房、二〇一二年

第三部　台湾

25　ラケナモ

ラケナモは、日本統治下台湾で活躍した原住民陸上選手（日本語では先住民だが、ここでは戦後台湾での正式名称である台湾原住民族＝原住民を使用）であった。原住民陸上選手といえば、一九六〇年のローマ五輪十種競技で銀メダルを獲得した楊《よう》伝《でん》広《こう》《ヤンチュアングアン》が有名だが、実は楊の約二〇年前、日本統治期の台湾に原住民陸上選手のさきがけがいた。それがラケナモであった。

生い立ちから明治神宮大会「高砂族最初の参加者」となるまで

ラケナモは、一九〇八年に花蓮港庁東部に位置する富田（現在の花蓮県光復郷）に生まれた。日本統治時代に認定された九族の原住民の一つ、アミ族であった。富田は太巴塱と呼ばれる地で、彼は太巴塱蕃人公学校（現在の太巴塱国民小学）を卒業した。

図25-1　**花蓮港鉄道部時代のラケナモ**（曾菊江氏提供）

ラケナモの陸上人生は、花蓮港庁の地域運動会（種目は中距離）で優勝したことなどから、日本人の競技関係者から声をかけられ、一七歳頃に花蓮港鉄道部に就職したことに始まる。当時、社会人の競技者は公務員や学校教員が多く、なかでも鉄道部は非常に力を入れていた。

ラケナモは最初に駅員として花蓮港庁下の玉里駅に配属されたが、のちに東台湾最大の都市である花蓮港市の花蓮港駅に異動となる。一九三二年、花蓮港陸上競技大会でラケナモは五〇〇〇Mで一着となり、台湾新記録をマークした。この快挙は新聞記事にもなり、ここから彼はメディアで最も多くその名が報道される原住民陸上選手となっていったのである（**図25-1**）。

とりわけ注目すべきは、「日本のオリンピック」と呼ばれた明治神宮大会に出場を果たしたことである。ラケナモは東京で開催された一九三五年明治神宮大会におそらく五〇〇〇Mで参加したと思われるが（予選落ちのため記録は定かではない）、ラケナモが同大会への「高砂族最初の参加者」（高砂族は日本統治時代に使われた原住民の呼称）となったことが報道された。

二年後、一九三七年明治神宮大会で同じ花蓮港出身アミ族のカサウブラウがマラソンで一〇位となった。原住民陸上選手が全国大会に挑戦するその道筋は、ラケナモによって切り拓かれたのであった。

〝台湾の村社〟にかけられた一九四〇年東京五輪への期待

戦前の中長距離で日本を代表する有名選手といえば、一九三六年ベルリン五輪（五〇〇〇／一万M）で日本人として初めて四位に入賞した村社講平であった。そこからメディアは、ラケナモに「台湾の村社」の称号を与えていたほどであった。

その後のラケナモの躍進には目を見張るものがあった。一例として、全台湾陸上競技選手権大会（以下、全島陸上大会）での成績を見てみよう。五〇〇〇Mを例に挙げれば、一九三五年全島陸上大会で一六分八秒八、翌三六年の大会で一五分四六秒六と、自己記録および台湾新記録を更新し続けていった。後者の成績について、『大阪朝日新聞』台湾版は「〝台湾の村社〟現る　高砂族青年の活躍　五千と一万メートルに新記録！　東京大会出場を期待」と大きな見出しで報じた。「東京大会」とは、一九四〇年夏に開催予定の東京五輪である。

一九三七年春には、台湾体育協会が三年後の東京大会に向けて第一次台湾代表候補を選出、長距離選手の筆頭がラケナモであった。

統治側の台湾総督府もラケナモに大きな期待を寄せていた。台湾総督府総務長官（兼台湾体育協会名誉会長）・森岡二朗は、「高砂族の青年は長距離も強い」、「東京オリンピックもあるし大いに奨励する」と述べ、新聞には、「オリンピック代表　高砂族から出せ／長官のお声懸りで〝南島の村社〟養成」との見出しが踊り、ラケナモの写真が添えられていた。

花蓮港の陸上競技場である花岡山グラウンド（現在の花崗山運動公園「総合田径場」）は一九三七年一月に竣工したが、これは「高砂族」選手、とりわけラケナモのために拡張工事が行われ、完成したものであった。

五輪には張星賢《ちょうせいけん》《チャンシンシエン》（26）が二度の出場を果たしていたが、張星賢は漢民族であった。前述のように、ラケナモは「高砂族」として初めて「日本のオリンピック」明治神宮大会に出場した。そればかりか、今度は正真正銘「世界のオリンピック」東京大会に台湾原住民で初めて出場するチャンスを得ることとなったのである。

〝台湾の村社〟と呼ばれたラケナモであったが、一九三八年初頭には、ついに本物の村社講平と一緒に練習する機会にも恵まれる。台湾体育協会の招聘を受け、村社と南部忠平（ロサンゼルス五輪三段跳金メダル・走幅跳銅メダル）の両選手が来台し、競技指導を行ったのである。

ラケナモは、地元花蓮港のグラウンドで村社と走る機会を得た。台湾でのコーチ終了後、村社は「特に有望だと思つたのは、先年神宮競技の五千米に出場したラケナモ選手」、「私と練習した際、一気に離してやらうと思つて相当に奮張つて見たが、いつか離なれず執拗に喰ひついて来るので、驚嘆した」と記し、ラケナモの実力を賞賛していた。ラケナモは台湾陸上界の星として、内地でも大々的に紹介されるまでになっていた。

五輪出場選手誕生に向けて、当時のラケナモはブラジルの日系移民社会で発行される新聞にもその名が掲載されていた。とはいえ、原住民は「蕃人」と称され、内地人や本島人（台湾漢人）から低く見られていた。内外から期待と注目を集めていたラケナモであったが、同胞の名誉のためにもと、マイノリティとして自らを奮い立たせていたのではないだろうか。

しかしながら、一九三七年に勃発した日中戦争は、「高砂族初」となるべく練習に打ち込んでいたラケナモの夢を打ち砕くこととなる。一九三八年七月、戦局の悪化を理由に東京五輪は返上されてしまう。年々タイムを縮めていただけに、一九四〇年の東京大会を目標としていたラケナモの落胆は大きかったに違いない。

図25-2　1940年宮崎畝傍駅伝競走でのラケナモ（曾菊江氏提供）

ラケナモの東京五輪出場の夢はついえた。その一九四〇年に行われた明治神宮大会に彼は一万Mで出場し、足を痛めつつも六位となった。同年末には、宮崎神宮から橿原神宮までの駅伝競走があり、ラケナモは「朝鮮・台湾」の外地チーム優勝に貢献した（図25-2）。だが、五輪出場のチャンスは二度とめぐってはこなかった。

アジア太平洋戦争は激しさを増し、ラケナモの弟も「南洋」へと出征した。アルバムには、異郷の戦地で銃を構える弟の姿が今も残る。弟は、「お国」のために戦死し、台湾に帰ってくることはなかった。

宮本勝政から曾富勝へ――一九六四年に回顧する「幻の東京五輪」

日本統治時代、ラケナモには「宮本勝政《かつまさ》」という日本名もあった。だが、メディアに登場する彼の名前は、つねにカタカナの「ラケナモ」であった。野球で有名になった嘉農の原住民選手が日本名だったのとは対照的である。

では、なぜ彼は原住民名を使い続けたのか。娘の曾《そう》菊《きく》江《え》《ツェンジュージャン》がこのことを父親に聞いたところ、ラケナモは「名前を隠せばアミ族の身分が仲間に見えなくなる、出自を隠すことはない」と答えたという。彼があえて原住民名を使い続けたのは、次世代のためでもあった。〞我々〟原住民も頑張ればこれだけできる――これが、父親が伝えたかったメッセージではないか。菊江はそう振り返る。

一九四五年に日本は敗戦した。日本から中華民国となった台湾の地名は、日本式から中国式になり、「花蓮港市」も「花蓮市」に変わった。原住民も中国名への変更が求められ、ラケナモは新たに「曾《そう》富《ふ》勝《しょう》《ツェンフーシェン》」を名乗った。

曾富勝となったラケナモは、一九四七年末の第二回全省運動会に出場、花蓮勢の総合優勝に貢献した。翌一九四八年春には上海で第七回中華民国全国運動会が開催された。一五〇〇Mの台湾省代表として曾富勝は出場したが、すでに四〇歳であった。

この全国運動会を最後に、彼は競技人生に終止符を打ち、現役を引退した。一九四九年秋に共産党の中華人民共和国が誕生し、国共内戦で敗退した国民党は台湾に中華民国政府を移転させた。同大会は、曾富勝として出場した最初で最後の「全中国」大会となった。

ラケナモは一九九七年六月に花蓮の地で死去した。八九歳であった。戦前に幻となった東京五輪は一九六四年に開催された。

娘の曾菊江と息子の曾《そう》文《ぶん》光《こう》《ツェンウェングァン》には、父親が周囲に対して日本時代の競技人生と「幻の東京五輪」についてなにか具体的に語っていたような記憶はない。それでも、酒に酔ったときの父親が漏らした言葉は覚えている。「日本時代にもし東京五輪が開かれていたら、自分も出場できていたかもしれない」という「ラケナモ」のつぶやきを。

東京五輪の四年前には、台東出身アミ族の楊伝広が一九六〇年ローマ五輪に出場、原住民かつ台湾人選手として初めて銀メダルを獲得し、世界陸上史に名を残した。中国大陸でも、楊は「中国人初のメダリスト」と称されている。だが、原住民陸上選手のさきがけでありながら、「ラケナモ＝曾富勝」を知る者はいなくなった。

ラケナモが忘れられた原因には、戦後中国名に変更してまもなくの現役引退、中国語への言語転換や、漢民族選手のように競技指導者の道が用意されなかった点が挙げられよう。だが、それ以外にも、「祖国復帰」後に日本統治時代の記憶が積極的に継承されなかった、戦後台湾の状況そのものも要因として存在していた。

しかしながら、一九八七年の民主化以降の台湾では、一転して失われた日本統治時代の記憶の取り戻しが進められていった。「楊伝広の前にラケナモがいた」――メダリストにはなれなかったとしても、一九四〇年の東京五輪を目指し、帝国日本のなかのマイノリティとしての期待を背負って走った「台湾原住民陸上選手のさきがけ」の肩書は、今日こそラケナモに与えられるべきではないだろうか。

（菅野敦志）

参考文献

菅野敦志「ラケナモ―一九四〇年〈東京オリンピック〉を夢見た台湾原住民陸上選手」『名桜大学紀要』二五号、二〇二〇年三月

26　張星賢〔ちょうせいけん／チャンシンシェン〕

近代オリンピック初の日本人代表は金栗四三、三島弥彦の二名（一九一二年、ストックホルム大会）であったが、その二〇年後に台湾人として初めて五輪代表となったのが張星賢であった。彼はロサンゼルス大会（一九三二年）とベルリン大会（一九三六年）の双方に日本代表として出場を果たした。ロサンゼルス大会の日本代表選手中（男二六人、女九人）、張星賢は唯一かつ初の台湾人オリンピアンであった。

生い立ちから早大進学、ロサンゼルス大会初出場（一九三二年）まで

張星賢は一九一〇年に台中市楠町（現在の台中市龍井区）に生まれた。台中公学校に通っていた際に陸上競技に親しんだとされ、四年生のときに一家は中国大陸の広東省汕頭に移り、台湾総督府が

設置した日本人学校である東瀛学校に通った。二年半後に彼は台中州立台中職業学校に通うこととなったが、この時期に内地人教員による指導を受けたことで、陸上競技で頭角を現すこととなる。一九二八年の建功神社奉納陸上競技大会（以下、建功神社競技会）において初優勝を果たすと、数々の大会で記録を出し、ついには台湾代表として明治神宮大会に出場するまでとなった。前者の建功神社競技会は「台湾のオリンピック」、後者の明治神宮大会は「日本のオリンピック」と呼ばれる大会であった。

張星賢は一九三〇年に台中職業学校を卒業、その半年後に台湾総督府交通局鉄道部（以下、鉄道部）台北工場の倉庫管理員として就職する。鉄道部はスポーツに力を入れていたことから就職を決めたが、それは高い身体能力を有する彼を満足させられる環境ではなかった。そうしたなか、張は早大に進学した台湾人の先輩（ラグビー日本代表となった柯子彰《かししょう》《コーズージャン》（27）ら）から、早大に進学して競技を極めることを勧められる。彼自身の経済力では留学は難しかったものの、早大出身の著名な台湾人社会運動家である楊肇《ようちょう》《ヤンビー》嘉《か》《ジャー》から金銭的支援を得たことで進学は実現した。楊肇嘉は経済的のみならず精神面でも張星賢を支え続けた。両者の信頼関係は厚く、親交は生涯にわたって続いたという。

張星賢は一九三一年に早大商学部に入学し、一九三四年に卒業するまでの間、日本学生陸上の最強チームであった早大競走部に所属した（図26）。入部後、彼は本来の走幅跳から転向し、主に四〇〇Mや四〇〇Mハードルに取り組んだ。そして、代表予選でも十分な成績をあげたことで、張は台湾人初のオリンピック選手として選出されるにいたったのであった。

初出場となったロサンゼルス大会で、張星賢は二種目（四〇〇M、四〇〇Mハードル）に出場した。だが、結果は予選落ちであった。四〇〇Mハードルに出場した際の張の様子については、当時の様子が実況中継さながら以下のように伝えられていた。

四〇〇米障害　日本軍の先陣をうけたまはる張君は頑張れ!!　頑張れ!!　の声援でスタートについた。此の組にはパリ大会の覇者米国のテーラーが居る。張君大いに頑張つたが九台目ハードルでよろめいた時ギリシヤのマンジカに惜くも抜かれ四着になる。

（横井春野『陸上競技通になるまで』野球界社、一九三二年）

図26　**早稲田大学時代の張星賢**（帝国公民教育協会編『第十回オリンピツク大写真帖』帝国公民教育協会、1932年）

台湾人選手としてオリンピック初出場となった張星賢であったが、強敵ぞろいの不運もあって、入選（三位まで）にはいたらなかった。実は、競技終了直後の会場では最初のアナウンスで張が三着と放送されたが、その後四着であったとして訂正された。一心不乱に走りゴールした張が、やはり結果が四着であり、落選であったことを知ったときの落胆の大きさは想像にあまりある。

同大会の陸上競技では、内地出身者として南部忠平が三段跳で金メダル、西田修平が棒高跳で銀メダルに輝いたものの、外地出身の選手がその栄誉を手にすることはなかった。また、同大会には、日本に抵抗して「満洲国」代表となることを拒んだ劉長春《りゅうちょうしゅん》《リウチャンチュン》(14)が、唯一かつ初の中華民国代表として参加していた。ちなみに、選手登録や競技への出場など、すべてにおいて張星賢が劉に先んじていたが、張が日本国籍であったことから、漢人としては同じであったとはいえ、〝中国人初〟の肩書は劉長春のものとなっている。

〝満洲〟代表からベルリン大会(一九三六年)出場へ

ロサンゼルス大会後、張星賢は日本の傀儡国家として建国されてまもない満洲国に赴き、一九三五年に満鉄に就職する。そこで彼は満洲チーム代表として引き続き陸上界で活躍したが、その結果、一九三六年のベルリン大会でも再び日本代表に選ばれることとなる。当時、張は走幅跳の満洲予選で七M二八を、四〇〇Mの最高記録は四九秒八を出していた。

ただし、帝国日本の対外膨張とともに、台湾人でありながら満洲チーム代表となることについては大きな矛盾をはらんでいた。一九四二年の満洲国建国十周年記念東亜大会では、同じ台湾出身の王象《おうしょう》《ワンシャン》が日本代表、林朝権《りんちょうけん》《リンチャオチュエン》、董錦地《とうきんち》《ドンジンディー》、楊基栄《ようきえい》《ヤンジーロン》、張立三郎《ちょうりつさぶろう》《チャンリーサンラン》の四名が中華(汪兆銘《おうちょうめい》《ワンジャオミン》の南京国民政府)代表として出場し、満洲チームの張と競い合ったが、張自身もそうした矛盾とアイデンティティの葛藤に苦しんでいた。今回も日本代表選手中(男四〇人、女六人)、台湾人選手はやはり張星賢ただ一人であった。

張星賢は二度目のオリンピック代表として期待を背負ってベルリン大会に参加した。出場種目は一六〇〇Mリレーであったが、結果は四位であえなく予選落ちであった。二度目のオリンピックへの挑戦は、前回のロサンゼルス大会と同様に、長旅による疲労なども重なって十分な実力を出し切れたとはいえなかった。張星賢が挑んだ二度目のオリンピックは、こうして終わりを見たのであった。

張は結果を残すことはできなかったものの、このベルリン大会では、朝鮮出身の孫基禎《そんきてい》《ソンギジョン》(21)がマラソンで金メダルを、同じく朝鮮出身の南昇龍《なんしょうりゅう》《ナムスンニョン》が銅メダルに輝く快挙を達成した。外地出身者、そしてアジア人選手としての偉業は大きく脚光を浴びた。同じく外地出身者であった張も、〝初〟の栄誉を手に入れたかったはずである。だが、その機会は彼にはめぐってこなかった。

ベルリン大会が終わり、本来は競技からの引退も考えていた張星賢であったが、引き続き満洲の地で陸上を続けた。彼の不断の努力は実り、翌一九三七年には、ついに三度目の一九四〇年東京大会の第一候補選手(十種競技)に選出されたのだった。

一九三七年末には明大を卒業した才媛の鄭新合《ていしんごう》《ジェンシンハー》と結婚した。台湾に一時帰郷してとり行った挙式はメディアでも報道され、台湾が生んだ陸上スターの婚姻を全島住民が祝福した。

張は挙式後に大連に戻る。厳しい練習に耐えながらも、張星賢は三度目のオリンピックへの挑戦を心待ちにしていたに違いない。ところが、一九三七年夏から勃発していた日中戦争が次第に泥沼化の様相を見せていくと、戦局の悪化を理由に、東京大会は一九三八年七月に返上されてしまうのである。

決定直後の同月下旬には、満洲国と日本の交驩試合が開催された。そこでは、「日本側を苦しめた」選手の一人として張の名前が『日本陸上競技史』にも記されている。翌一九三九年には、東京大会返上の代替処置として、日本・満洲国・華北による日満華交驩競技大会が開催された。同大会の中華代表は、張立三（張立三郎）や董錦地らの台湾出身選手が中心であった。東京大会を代替するはずであったヘルシンキ大会も一九四〇年に中止となり、張のオリンピック出場への挑戦はここで終止符が打たれた。

満鉄の傘下にあった華北交通株式会社に異動となった張星賢は、一九四三年に北京に移り住む。一九四五年に日本が敗戦すると、彼は一九四六年に北平（北京）から台湾に戻り、台湾省立台中師範学校に就職する。帰台後は、台湾省体育会の創設（一九四六年）、台湾省体育会田径協会の創設（一九四六年、田径＝陸上競技）などに関わり、一九四八年五月に上海で開催された第七回中華民国全国運動会に台湾省代表選手として出場後、同年に競技から引退した。三九歳であった。

現役引退後と日本の競技界との関わり

張星賢は一九四七年から定年退職まで台湾省合作金庫に勤務した。合作金庫はのちに台湾人として初めて副総統に抜擢される政治家・謝東閔《しゃとうびん》《シェドンミン》が理事長を務めており、謝の推薦を受けての就職であった。張は現役引退後も著名な陸上選手を育成した。張星賢は日本代表の台湾人として初めてオリンピックに出場した選手であったが、戦後は「中華民国代表の台湾人」として初のオリンピアンとなった陳《ちん》英郎《ひでろう》《チェンインラン》（30）を始め、「アジアの鉄人」楊《よう》伝《でん》広《こう》《ヤンチュアングアン》の指導に関わったのも張であった。

戦前の活躍に鑑みれば、戦後も指導者として多大な貢献を果たすことは当然期待されていた。しかしながら、戦後の張の経歴を見る限り、過去の華々しい活躍に見合うようなポジションが一貫して提供されたようには見えない。

張星賢が日本の競技界と深い関わりをもつことは誰の目にも明らかであった。日本統治下台湾に生まれ、早大で陸上競技を極め、日本代表としてオリンピックに二度も出場した彼にとって、それは当然のことであった。早大競走部の後継・アスレチッククラブの記念誌にも、織田幹雄らに並んで張の回顧文が掲載されている。中京大学創設者の一人である梅村清明の妻である渡辺澄子は、ロサンゼルス大会で同じ日本陸上代表選手だった人物で、親交が深かった。有望な台湾人選手は張の推薦を受けて中京大学での陸上留学を果たした。

だが、これらをもって張星賢があたかも過度な「親日家」であるような単純化された見方はできない。一例として、張は抜群の運動能力と陸上競技での優秀な成績から、日本国籍の取得を勧められたことがあったという。だが、彼はあくまで台湾籍を堅持した。それは、張星賢が自身の手記のなかで、「日本代表としてオリンピックに参加したこと」が惜しまれる点であったことを述べていた点からも明らかである。

にもかかわらず、戦後の張星賢は冷遇され、中華民国の競技界で陣頭指揮をとることは阻まれた。なぜ張のような一流の人材が中心的役割を担うことができなかったのであろうか。単に張が「不遇」だったのであろうか。この点を理解するためには、日本による異民族統治から「祖国」復帰した台湾が置かれ続けた特殊な環境を振り返らなければならない。

戦後台湾の〝周辺化〟と張星賢──かなわなかった一九六四年の東京行き

日本統治時代、台湾人は「本島人」と呼ばれ、日本人である「内地人」の下に位置づけられる存在であった。その後、一九四五年に日本から中華民国に「復帰」した台湾では、日本人が強制的に引揚げさせられたことで、新たに「本省人」（日本統治を経験した台湾住民）と「外省人」（戦後国民党とともに来台した中国大陸出身者）という主に二つの異なる集団に取って代わられることとなった。

台湾（本省）人は当初、「祖国」に大きな期待を寄せていた。だが、台湾人は政治の中心から外され、腐敗した国民政府（台湾省行政長官公署）に対する激しい失望に加え、国共内戦（一九四六〜一九四九年）の影響を受けて天文学的なインフレとなった状況下で住民の不満が爆発し、一九四七年に二・二八事件と呼ばれる大規模な反政府暴動が起きた。それに対して政府側は軍隊を動員して鎮圧しただけでなく、一万八〇〇〇人から二万八〇〇〇人といわれる多くの台湾人を虐殺した。漢民族から見れば、本来同じ「中国人」であり、日本人による異民族統治下で受けた民族差別は解消されると信じていた、そうした本省人の期待は大きく踏みにじられたのである。

このような状況下において、五〇年間の日本統治によって日本語を日常的に話す台湾人は、「奴隷化」されたとして周辺化を余儀なくされた。そして、一九四九年に国共内戦で敗退した中華民国政府が台湾に移転し、台湾という地方政府の上に中華民国政府という中央政府が重複して存在することとなった。このことは、台湾（本省）人＝地方政府、外省人＝中央政府という役割分担を固定化させ、台湾（人）の周辺化を固定化させた。

それでは、そうした周辺化はどこに見受けられたのであろうか。たとえば、人口比率は圧倒的に台湾（本省）人優位であるのに対して、戦後の国際大会に出場した運動選手の比率はその逆であった（たとえば、一九五八年の東京アジア大会では、本省籍七名に対して外省籍七四名）。このような状況は、中国の正統政権という建前を維持するために、中華民国政府が長らく外省人によって占められ、台湾人の比率が低く抑えられ続けたことにも共通する。

「アジアの鉄人」楊伝広を指導していた際、張星賢は日本統治時代に初等教育を受けた楊に対して、「国語」（中国語）ではなく日本語を常用していた。この点について張は、「事情を知らない外省の人士がしばしば誤解した」と自伝に記していたが、この記述は、日本との「八年抗戦」を経て来台し、日本／日本人への嫌悪感と不信感を根強くもつ外省人が、張の〝民族性〟に対して向けていた懐疑の眼差しを示すものであった。

戦後台湾は日本から中華民国に「再植民地化」されたという見方もある。戦後台湾において、中華民国の歴史を体現できる存在は、命をかけて日本に抵抗した抗日烈士であり、日本統治下で日本の国策に従って満洲に赴き、帝国日本の拡大に加担したとみなされる人物ではなかったのである。

一九六四年、戦前に返上されたオリンピックがついに東京で開催された。六年前のアジア大会ではコーチとして同じ東京の地を踏むことができた張星賢であったが、東京五輪に派遣された中華民国代表団のなかに張の姿はなかった。張星賢にとって最大の無念は、東京五輪に中華民国代表団とともに参加できなかったことであった。自身が日中スポーツ交流の懸け橋になれることを彼は訴えていたものの、その願いは〝中央組織〟には聞き入れられなかった。戦前と戦後、二つの東京五輪は、「台湾」と「祖国」の間に挟まれた張星賢にとって、手に届きそうで届かない、近くて遠いオリンピックであった。

張星賢は早大在籍中に日本代表に選出され、一九三二年のロサンゼルス大会および一九三六年のベルリン大会に出場し、台湾人として歴史上初めてオリンピックの舞台に名を残した。同時に、もし一九四〇年の東京五輪が返上されなかったならば、張星賢はオリンピックに三度出場した伝説的な台湾人選手となるはずであった。それゆえに、一九四〇年の東京五輪が幻に終わった分だけ、一九六四年東京五輪への思い入れは、他の台湾人の誰よりも大きかったはずであり、たとえ選手としての参加がかなわなくとも、なんらかのかたちで同大会に参加できることを誰よりも願っていたに違いない。

ようやく実現を見た一九六四年の東京五輪をその目に焼きつけておきたかったであろう張星賢も、それから二五年後の一九八九年三月に他界した。七九歳であった。

（菅野敦志）

参考文献

日本陸上競技連盟編『日本陸上競技史』日本体育社、一九五六年
雷寅雄「第一位参加奥運匹克運動大会的台湾人——張星賢」曽瑞成総編輯『台湾百年体育人物誌』台湾身体文化学会、二〇〇六年
林玫君「身体的競逐与身分的游移——台湾首位奥運選手張星賢的身分認同之刑塑与糾葛」『思与言』四七巻一期、二〇〇九年三月
蘇嘉祥『運動巨人張星賢——第一位参加奥運的台湾人』聯経出版、二〇〇八年

27 柯子彰〔かししょう／コーズージャン〕

生い立ち

一九一〇年一〇月二二日、柯子彰は父柯保羅《かほら》《コーバオルオ》と母廖允《りょういん》《リャオユン》の長男としてこの世に生を受けた。その後四人の妹、一人の弟が生まれ、大家族で育った。

父は大家族を養うため、六歳の子彰を連れて福州に渡り事業を始めた。父の貿易業が安定した三年後、子彰九歳のときに家族全員が福州に移住した。福州からは福州杉や農産物、台湾からは砂糖や雑貨などを流通させた貿易事業はきわめて順調で、柯子彰はその間、衣食住に困ることなく六年間国民学校に通った。

国民学校を卒業し一二歳となった柯子彰は一九二三年に日本へ渡り、京都にある名門同志社中学校に入学した。当時の同志社中学ではすでにラグビーが盛んだった。身長一七六センチと、当時としては大柄で目立った柯はすぐに勧誘され、生来の運動能力に加えて真面目な性格から練習を積み重ね、頭角を現した。同志社中学は第一〇回、第一一回の全国中等学校ラグビー選手権を制覇し、大学選抜並みのバックスだと評された。

早大時代——ユサブリ戦法の考案

一九二九年、東京に憧れた柯子彰は、同志社中学を卒業して早稲田第二高等学院に入学、体育会蹴球部に入部してスリークォーターバックの一角（一三番）を担うこととなった（図27-1）。翌一九三〇年、慶大のウィングスリークォーターバック北野孟郎とともに最年少でラグビー全日本カナダ遠征チームに選抜され、六勝一敗という成績をおさめるのに大いに貢献した。

図27-1　早大ラ式蹴球部のジャージを着る柯子彰（陳良乾『臺灣百年體育人物誌（橄欖球運動篇）』（web 資料））

一九三二年、早大ラグビー蹴球部が初めて全国大会を制覇した際、その原動力となったのは、「戦車FW」と名づけられるほど強力なFW陣を擁する明大を破るために考案された「ユサブリ戦法」であった。このユサブリ戦法を編み出したのが大学三年となった柯子彰だった。柯自身はこのときのことを、一九七九年に編まれた『早稲田ラグビー六十年史』に寄せて、詳細に振り返っている。

明治FWは8人制で、平均体重75キロ以上を誇り、南甲子園での同志社大学戦に直線的に20ヤード以上も押しまくるという偉力をもっていた。早大は当時から軽量のうえに7人FWであった。そこで、明治に対抗するためにタイトスクラムよりもルーズの方がトライチャンスが多い事実に目をつけた。タイトスクラムで球を取られてもルーズで取る作戦をたて、FWの集散を早くし、ボールをタイトスクラムから遠いWTBまで回し、そこのルーズから逆サイドへボールを回し、敵の陣形の乱れを誘い、ラインを突破してトライする〝横のユサブリ〟を取入れたわけである。……完全にゆさぶるためにはFWはタイトからルーズへ、そしてまた次のルーズへと敏速な集散を行い、敵より早くボールを取る。TBは鋭いダッシュと良くコントロールされたパス、確実なハンドリングが必須条件であるし、FW、TB相互間のカバーも必要である。一発必倒のタックルは必ず相手のヒザから下へスピードと強いパックで行わなければならない。……この〝ユサブリ戦法〟を完成するため……SHとSO間の連携はFWの出した貴重なボールをTBへとつなぎ、TB攻撃を引き出す重要な任務があるので、SHはいかなる球も思い通りにパスし、SOは走る方向、角度を敵のディフェンスに応じて自在に変化させるために特別のコンビ練習が積み重ねられた。

（柯子彰「ユサブリの前後」）

自他のチームの特徴、長所短所を適確に把握し、戦略を立て、戦略遂行に必要なスキルを抽出し、スキル修得に向けたトレーニングを実施する。この記述からは柯子彰が、スポーツ科学の成立以前からすでにラグビーを科学的思考の対象とした、優れて明晰な頭脳の持ち主であったことをうかがい知ることができる。翌一九三三年、主将を務めた際にも「力は技に勝てぬ」との一文を発表してラグビーがメンタルワークであることを強調してチームを統率し、全国二連覇を達成した。

満鉄時代

早大を卒業した柯子彰は満鉄に就職し、一九三四年、大連に到着した。早大の学生選手としては輝かしい成績を残した柯子彰であるが、渡満後は選手としてよりもラグビーの普及に重心を移した。一九三六年三~四月にかけて行われた早大ラグビー蹴球部の満鮮遠征に際しては、満鉄クラブや満洲代表として複数試合に出場したが、いずれも早大チームの大勝に終わり、プレーに関する記述も残されていない。一九四〇年一一月に行われた全満鉄チームの内地遠征にも、「柯は仕事の都合で参加しなかった」とされている。

ただ、柯の勇名は忘れられたわけではなかった。一九四二年、秩父宮が昭和天皇に代わり満洲国建国十周年祝賀式典に参加し、新京で開催された満洲チームと大連満鉄チームの試合を観戦した際、

図27－2　1936年の大連満鉄チーム時の柯子彰（前列右から４人目）（同前）

秩父宮は「柯さんは満洲にいるのですか」と訊ねた。それを耳にした柯は非常に光栄に思い感激したという。この間、旅順高等女学校を卒業した満鉄の同僚、橋本鶴代と一九三七年に結婚した。

ラグビーへの情熱は普及面に向けて大いに注がれ、その手腕も存分に発揮された。一九三六年九月、満洲日日新聞社と協力し、台湾鉄道、朝鮮鉄道、大連満鉄、新京の四チームによる関東州施政三十周年記念外地対抗ラグビー大会を開催した（朝鮮チームが優勝）（図27－2）。また、一九三七年には満洲ラグビー蹴球協会の理事に就任し、満鉄各地支部（南満、大連、撫順、ハルビン、吉林、牡丹江、奉天、錦州など）の同僚に呼びかけ、合計八つのラグビーチームを立ち上げた。

一九四五年に上海に異動になったが、柯子彰によると、仕事に興味を覚えず、日本人ラグビークラブに入りイギリスクラブチームやアメリカ海軍・陸軍チーム等との対抗試合に参加するなどしていた。そのまま上海で退職、終戦を迎えた。

戦後

一九四五年、日本の無条件降伏に伴い、一〇月二〇日に上海から台湾へ帰還、台湾鉄路管理委員会（台湾鉄道局の後身）で職を得た。

しかし、故郷台湾でのラグビー普及に向けて情熱を燃やす柯子彰を待ち受けたのは、ラグビーへの無理解や政情不安、妻が日本人であることへの偏見であった。妻、橋本鶴代は戦後柯とともに台湾に渡り、「柯秀鳳《かしゅうほう》《コーシウフォン》」の中国名を名乗っていた。夫妻は敬虔なクリスチャンとして日語教会にも通い、一九九五年に台北市内で秀鳳が死去するまで、夫妻の間では日本語で会話していたという。

一九四六年一一月には台北市において中華民国ラグビーフットボール協会を設立し、本腰を入れて台湾におけるラグビー普及に取りかかろうとした矢先、一九四七年の二・二八事件とその余波による台湾鉄路管理委員会の改組が柯の行く手を阻んだ。中華民国ラグビーフットボール協会でも理事会から遠ざけられてしまった。柯は生涯を通じて同協会の幹部となって表舞台に立つことはなかった。

だが、それでも柯は協会の外部からラグビー振興に尽力した。一九五六年、ラグビーフットボール協会理事長黄国書《こうこくしょ》《ホアングオシュー》の推薦で台湾中小企業銀行に転職して以降、韓国陸軍ラグビーチーム（一九五七年）、愛知ラグビークラブ（一九六二年）を台湾に招いて交流試合を実施するなどし、台湾ラグビーの普及や技術戦術の発展に実質的な影響を及ぼすようになった。

地域間の競争促進を企図した柯は、一九六五年、台湾初の南北地域対抗試合を計画したり、翌一九六六年には国軍の競技会にラグビーを追加し、優秀な選手のトレーニングを引き受けるためにロイヤルティチームを設立することを提案したりした。また一九六八年には、柯の働きかけにより日本、韓国、タイのラグビー協会首脳が集い、アジアラグビー協会が設立された。そこでは二年ごとのアジア選手権の開催が議決され、第一回大会を東京、一九八〇年の第七回大会を台北で開催することが決定された。

一九七五年、日本ラグビー協会がラグビー伝来七五周年を祝い、各ポジションでベストプレーヤーを選出した際、柯子彰は一三番目のベストプレーヤーに選出された。以来、「永遠の一三番」と呼ばれる。一九八四年、台湾代表チームは福岡での第九回アジア選手権で三位を獲得し、日本で表彰された。

晩年

柯子彰は晩年、台湾政府がラグビーを重視してこなかった姿勢を批判したという。いやむしろ、政府、企業の支持が得られないとして、「台湾でラグビー運動を提唱したが完全な成功を収めることができなかった」、「私は生きる時代を間違った」と悲嘆したのだった。

二〇〇一年四月、台北県板橋（現在の新北市板橋区）の板橋病院に入院していた柯子彰は、病床で日本語の手記を残している。

ラグビーに一番重要なのはボールを持つ一秒内に我がチームに最も利する行為は何かという判断を下さなければならないことです。キックでは、ハイパント、クロスキック、タッチキック等数種あります。パスでも短パス、長パス等方法があります。

（台湾公共電視台「台湾世紀　体育名人伝」）

柯は、同月二三日、息を引き取る直前までラグビーに思考をめぐらせていた。帝国日本統治下の台湾で生まれ、日本の高等教育を受けて文化を身につけ、その才能を開花させる舞台が用意されてきた柯子彰にとって、ラグビーへの思考だけが自らを現実、すなわち複雑な政治状況や出自がもたらす煩わしさから解放する唯一の道だったのかもしれない。その背景の複雑さはしかし、全アジアのラガーマンの脳裏に柯子彰を「永遠の一三番」として刻みこんでいる。享年九二歳。早大ラグビー蹴球部の後輩で日本のスポーツ振興行政を主導し続けた森喜朗は、首相を退任してまもない二〇〇三年に来台し、柯の墓前に献花した。

（東原文郎）

参考文献
陳良乾「橄欖球場上永遠的巨星―柯子彰」程瑞福総編輯『台湾百年体育人物誌　第二輯』台湾身体文化学会、

二〇〇七年
柯子彰「ユサブリの前後」早稲田ラグビー60年史編集委員会編『早稲田ラグビー六十年史』早稲田大学R・O・B倶楽部、一九七九年
薄常信「赤い夕陽の満洲ラグビー」全満ラガーマンの集い事務局編『全満ラグビー史・概要：1999』全満ラガーマンの集い事務局、一九九九年
柯美伊「移動到運動―台灣橄欖球員柯子彰生命歷程之研究」国立台北教育大学台湾文化研究所博士論文、二〇一八年
台湾公共電視台「台湾世紀　体育名人伝：永遠的十三号～柯子彰」二〇一一年

28　林月雲〔りんげつうん／リンユエユン〕

張星賢《ちょうせいけん》《チャンシンシェン》（26）は台湾人として初の、そして連続二回のオリンピック出場を果たした選手であったが、張と同じく一九三七年に三年後の東京大会候補選手として選出されていた台湾人の女子選手が林月雲であった。

林月雲は一九一五年に日本統治下の台湾で生まれた。地元は彰化郡和美庄柑子井（現在の彰化県和美鎮）であり、のちに内地や中国大陸で留学や生活をする機会があったものの、彰化は彼女がその人生のほとんどを過ごす場所となった。裕福な家庭に育った彼女は、彰化公学校、彰化高等女学校在籍中に運動面で頭角を現していく。

林月雲にとって大きな契機となったのは、一九三一年の第六回明治神宮大会であった。一〇〇Mおよび三段跳の二種目に出場した林は、三段跳で二位（一〇M九六センチ、台湾新記録）につけたのだった。当時の日本記録は一一M一六センチであり、そこに二〇センチまで迫った彼女は一躍台湾陸上界の新たな星となったのである。

日本女子体育専門学校進学――ロサンゼルス五輪、ベルリン五輪代表を目指して

明治神宮大会での優秀な成績は、林月雲に内地留学の道を開いた。彰化高等女学校卒業後、林は東京の日本女子体育専門学校（現在の日本女子体育大学）で陸上競技を専門的に学ぶことになる。

女子陸上競技がオリンピックに追加されたのが一九二八年の第九回アムステルダム大会からであったように、陸上競技を女子の身体・精神にとって〝過激〟とみなす風潮は、世界的にも依然少なくはなかった。保守的な思想の色濃い台湾人は、なおさらそうした見方が強かった。だが、女子陸上競技の台頭は確かに人々の注目を集めていた。

そのアムステルダム五輪において八〇〇Mで銀メダルを獲得し、アジア人女性初のメダリストとしてヒロインとなった人見絹枝（34）も日本女子体育専門学校出身であったが、彼女は一九二五年に台湾に招聘され、女子体育講習会を開いて陸上競技を広める活動を行っていた。林月雲の内地進学には台湾人初のオリンピック選手となった張星賢の手助けもあったというが、それ以外にも、人見の活躍が林に与えたであろうインパクトは無視できない。

先述のように、張星賢は台湾人初のオリンピック（一九三二年、ロサンゼルス大会）代表選手となった。実は、女子選手を見た場合、林月雲にも同様の期待が寄せられていた。だが、林が得意と

していた三段跳は女子の大会競技種目にはなく、一〇〇Mでの出場権を争う挑戦となった。林は、一九三二年四月に台湾で開催された建功神社競技会兼オリンピック地方予選において一〇〇Mで一二秒九の台湾記録を叩き出していたことから、短距離走でのオリンピック出場の可能性が見込まれていたのである。しかしながら、望みをかけていた同種目にはすでに多くの強敵がひしめき合っており、結果として林は、翌月に開催されたオリンピック予選では決勝進出までいたらなかった。

　ロサンゼルス五輪への出場はかなわなかったものの、一九三三年の第七回明治神宮大会において、彼女は三段跳で競技人生初の優勝を手にすることとなる（図28）。二年後の一九三五年に開催された第八回明治神宮大会では、二位（一〇〇M／八〇Mハードル）につけた。一〇〇M一位は同タイム（一二秒九）の臼井寿美子（東海）、八〇Mハードル一位は一二秒六の田中久子（北海道）で、林月雲の記録は一二秒七の僅差であった。これらの優秀な成績をおさめたことで、同大会終了後、林は翌一九三六年開催予定のベルリン五輪第一候補選手二〇名の一人に選出されることとなる。

　だが、彼女は不幸にも、過度な練習が原因で予選一週間前に急性肺炎を患ってしまう。この不遇の事態により、林はあと一歩のとこ

図28　日本女子体育専門学校時代の林月雲（日本電報通信社写真部『第七回明治神宮体育大会写真帖』明治神宮体育会、1933年）

ろでベルリン五輪の出場権を逃すこととなるのである。林自身の説明では、急性肺炎罹患後に無理をおして最終予選に参加したものの、ベストコンディションでなかったため、一〇〇Mで三位、八〇Mハードルで二位の成績に終わった。女子はわずか一名のみの選出であったため、結局彼女のベルリン五輪参加はかなわなかった。

東京五輪（一九四〇年）への挑戦と晩年

林月雲は一九三六年頃に内地から台湾に戻り、体育教員として斗六公学校、長栄中学校、台中州立彰化高等女学校、台中高等女学校などで勤務した。その間、台湾で開催された一九三七年九月の第一八回全台湾陸上競技選手権大会兼第九回明治神宮大会台湾予選に出場し、自己の台湾記録を塗り替えて優勝を果たしていた。二カ月後の明治神宮大会では、一〇〇Mで四位、走幅跳で二位となった。以上の成績を受けて、彼女はついに念願かなって一九四〇年東京五輪の候補選手として選出されるにいたった。今度こそ大会出場への期待がかけられたものの、一九三七年に勃発した日中戦争の影響を受け、東京五輪は翌年夏に返上されることとなり、彼女がオリンピックに出場する可能性は絶たれることとなった。

一九四五年に三〇歳となった林月雲は、結婚を機に退職し、夫の仕事の都合により、福建省厦門・コロンス島に転居した。だが、同年八月に日本は敗戦。その四年後である一九四九年に台湾に戻った林は、一九五五年に台湾省立彰化商業職業学校（現在の国立彰化商業職業学校）に採用された。地元の陸上競技大会で審判員を務めるなど、地方におけるスポーツ振興にも寄与した。

戦後の台湾メディアが彼女を「速度女王」と呼んでいたように、日本統治下台湾におけるその圧倒的な存在感から、林月雲は台湾女子陸上競技界を代表する人物であった。だが、戦後台湾では日本統治期の記憶は次第に忘却されていき、林の存在も近年までそれほど注目を集めることはなかった。ただ、オリンピックでメダルを手にすることができていれば、そのような忘却も起こりえなかっただろう。もし一九四〇年東京五輪が開催されていたなら――晩年の彼女自身も、そのように幾度も思い返していたのではないだろうか。

（菅野敦志）

参考文献
金湘斌・徐元民「追求奥運的台湾女性先駆者　林月雲」程瑞福総編輯『台湾百年体育人物誌　第四輯』台湾身体文化学会、二〇〇八年

29 呉昌征〔ごしょうせい／ウーチャンジョン〕

呉昌征は台湾人で初めて日本のプロ野球界入りした人物である。巨人、阪神、毎日で活躍した。一九九五年に台湾人として初めて日本プロ野球界の殿堂入りを果たしただけでなく、多くの「史上初」を獲得した選手であった。

「はだしのプレー」――嘉農と「甲子園」

呉昌征は一九一六年に生まれた。日本統治下台湾の台南（現在の高雄市橋頭区）に生まれた彼は、本来の名前を呉波《ごは》《ウーボー》という。呉昌征は一九四三年から名乗るようになった名前であり、それまでの二七年間は呉波で記載すべきであるが、混乱を避けるため、ここでは呉昌征で統一して表記する。

呉昌征が野球の道に進んだきっかけは、嘉農への進学であり、近所の小里初雄（嘉農野球部員）

による影響が大きかった。嘉農は近藤兵太郎監督のもと、台湾代表として「甲子園」大会に幾度も出場し、一九三一年には準優勝を果たしたことから、強豪校として一躍有名になった。

嘉農の三つの黄金期を代表し、日本の野球界で活躍した「呉」には、呉昌征を含めて三人がいた。第一期の「呉」・呉明捷《ごめいしょう／ウーミンジェ》は一九一二年生まれ、嘉農が「甲子園」大会で準優勝を飾ったときの投手であり、呉昌征の先輩であった。一九三三年に早大に進学、大学野球で活躍したが、プロ野球選手にはならなかった。第二期は呉昌征で、第三期は呉新亨《ごしんきょう／ウーシンシャン》である。一九二四年生まれの呉新亨は、一九四三年にプロ野球選手となり、最初は大和軍に入ったが、呉昌征に続いて一九四四年に巨人軍に入団した。

呉昌征が嘉農に入学したのは、同校が「甲子園」大会で準優勝となり世間を驚かせた一九三一年であった。嘉農在籍時の呉は四回（一九三三年、三五年春、三五年、三六年）「甲子園」大会出場を果たし、「はだしのプレー」でも有名になった。「甲子園」大会出場のために買った新しいスパイクが足に合わず、靴擦れで痛かったため、はだしで試合に出たのだという。

「甲子園」大会では投手兼外野手として活躍したが、一九三五年夏に準々決勝で敗退した。だが、遠投一二〇M、一〇〇M一一秒台を誇ったサウスポー・呉昌征の実力は、結成直後のプロ野球界から大きく注目され、呉をめぐって各球団による争奪戦が繰り広げられることとなった。

「人間機関車」──巨人、阪神、毎日での活躍とプロ野球史上多数の「初」

嘉農卒業後の進路については、早稲田に進学した先輩の呉明捷が早大を勧めた。一方、卒業前年の一九三六年には日本職業野球連盟が結成されており、日本はプロ野球の創成期にあった。長期的に見れば必ずしも生活・収入の安定が保証されないプロ野球選手とはいえ、八〇〇円の契約金とサラリーマンをはるかにしのぐ一四〇円という月給は大きな魅力であった。家庭に経済的な余裕がなかったことから、呉昌征は大学進学の道は選択せず、一九三七年に巨人軍に入団した（図29）。

呉昌征は、強肩だけでなく、驚くべき俊足の持ち主であったため、「人間機関車」と呼ばれるようになった。その活躍ぶりはすさまじく、呉はデビュー五年後の一九四二年に人生初の首位打者となり（打率三割八分六厘）、つづく一九四三年には史上初の二年連続首位打者となった（打率三割六厘）。また、同年には五四盗塁と、戦前シーズン最多記録の五六盗塁（阪急・山田伝）にあと一歩及ばなかったが、堂々の二位であった。

試合における呉の存在感については、「ひとたび塁に出ると、その足にまかせて相手の内野陣をかくらんし、巨人に勝機をつくることもしばしばで、相手投手にとってはもっともうるさい走者」と評されたように、チームの勝利に貢献する選手であった。そうした活躍が評価され、一九四三年には最高殊勲選手（ＭＶＰ）に選出されるなど、この二年間は呉にとって戦前の最盛期であった。

ちなみに、呉昌征が巨人軍に入団した一九三七年は日中戦争が勃発した年であった。一九四一年にはアジア太平洋戦争が勃発する。呉がプロ野球で快進撃を続ける一方、戦地に召集される選手も増えていった。行く末が不透明になるなか、呉は台湾への帰郷を考えるようになった。

呉昌征は一九四四年に巨人軍を退団した。本来は帰台目的での退団であったものの、阪神軍にスカウトされた呉は、阪神に入って野球を続けることとなった（阪神では一九四四年に盗塁王）。だが、同年七月にはサイパンなどの「絶対国防圏」の南洋群島が陥落し、戦況は極度に悪化していた。呉はかつて嘉農時代に憧れてマウンドに上がった思い出の地である甲子園球場で芋の栽培を命じられた。

一九四五年八月に日本は敗戦、呉昌征の故郷・台湾は中華民国の一省となった。石井和子という女性と結婚した呉は、のちに帰化して日本国籍を得た（日本名は石井昌征《まさゆき》）。

図29　巨人軍時代の呉昌征（『日本プロ野球偉人伝：赤バット、青バット時代の43人』ベースボール・マガジン社、2013年）

プロ野球が復活すると、一九四六年に呉昌征は引き続き阪神軍で投手となり、同年には戦後初のノーヒットノーランを達成するなど、一四勝六敗の成績を残した。これはチームのなかで最高の成績であった。

呉昌征は一九四九年末、三三歳で毎日オリオンズに移籍した。毎日オリオンズでは、一九五〇年に日本シリーズ第一号ホームランと一六試合連続得点という記録を残した。

呉昌征は一九五七年に現役を引退した。四一歳であった。一九三七年の巨人軍入団から二〇年が経過しており、体力的にも潮時であった。とはいえ、この「実働二〇年」はプロ野球選手初の快挙であり、巨人・阪神・毎日という三球団で活躍した経歴も当時としては珍しかった。結局、呉が引退までに出場した試合は一七〇〇を数え、安打一三二六本、三八一盗塁、打率二割七分二厘であった。

呉は実働二〇年以外にも、一九四三年に史上初の二年連続首位打者、戦後初のノーヒットノーラン、一九五〇年日本シリーズ第一号ホームランなど、プロ野球史上多数の「初」を成し遂げた。その輝かしい成果は、MVP一回、盗塁王一回、一九四三年に二九連続盗塁成功で史上二位（一位は南海・広瀬叔功の三一）という記録が示す通りである。

引退後の呉昌征は、合計四回帰台コーチを行ったという。引退翌年の一九五八年の一時帰国には、巨人軍の呉新亨も同行していた。呉新亨も戦後帰化して日本国籍を取得したが（日本名は荻原寛）、この二人の呉の台湾アマチュア野球コーチは、台湾省棒球委員会による招待であった。

日本で活躍する台湾出身のスター選手の帰台コーチが多くの台湾少年に与えた夢と希望は計りしれない。その影響は技術面での指導に止まらず、後述する少年野球の世界的活躍を精神面から後押ししたはずであろう。

一九五九年には、高校野球で一躍有名人となった王貞治がプロ野球デビューを果たした。デビュー時の呉昌征と同じ巨人軍であった。呉は台湾生まれ、王は日本生まれであったが、元・現「中華民国籍」の同じ「旅日選手」として、台湾メディアでは巨人軍の活躍が「呉昌征時代から王貞治時代へ」と誇らしげに報道された。

台湾少年野球のリトルリーグ優勝と呉昌征

戦後の台湾において野球、とりわけ少年野球は特別な存在であった。しかしながら、野球は日本統治時代を経験した台湾人のスポーツである一方、戦後に中国大陸から台湾に流入してきた外省人のスポーツはバスケットボールであると見られる向きがあった。そのような見方は、抗日戦争を経て台湾に逃げ込んできた国民党政府・外省人側にもあったといい、「野球＝日本的」イメージが色濃かった戦後しばらくの間は、野球に対して外省人からの風当たりが強かったといわれる。

だが、そうした見方は少年野球の大活躍によって一掃される。その一歩は一九六八年のことであった。経済的事情から、棍棒で石を打って練習を重ねていた台東・紅葉国民小学の原住民（ブヌン族）紅葉少年野球チームが、日本の関西連合チームを打ち破り、台湾で一大旋風を巻き起こしたのがきっかけであった。

この「国際的勝利」はその後の快進撃の導火線になり、世界制覇に直結していくこととなる。驚くべきことに、翌一九六九年には、アメリカに遠征していた台湾の金龍少年野球チームが、リトルリーグの世界選手権で「初出場・初優勝」という快挙を成し遂げたのである。このニュースは全台湾住民を熱狂させ、帰台後に蔣介石《しょうかいせき》《ジャンジェシー》総統とも謁見を果たした少年選手たちは国民的英雄となった。

　野球は冷戦下で中華民国のプレゼンスを示す格好の競技として捉えられ、この勝利ののち、台湾の少年野球チームは一九九〇年までの二二年間で一四回も優勝を手にしていくこととなった。一九七二年に国連の議席を失い、外交危機に陥った台湾（中華民国）が先行き不透明感を強めていただけに、台湾の少年野球は、国際的孤立と不安のただなかにある人々に感動と勇気を与え、集合的記憶に深く刻まれる存在となった。

　このような世界規模での台湾野球快進撃の歴史は、日本統治時代に呉昌征が属していた嘉農の「甲子園」大会での活躍から始まったといってよい。その呉昌征がプロ野球を引退したのは一九五七年であった。上述のように、呉は台湾に四度帰郷し、台湾野球の強化のために日本式の野球をコーチしたとされるが、嘉農の栄光を想起させる台湾野球の黄金期が再び訪れ、野球が台湾住民の自信を回復させたことは、呉にとってこのうえない喜びであったろう。

　その後、台湾出身の野球選手は、日本（郭泰源《かくたいげん》《グォタイユエン》、郭源治《かくげんじ》《グォユエンジー》、陽岱鋼《ようだいかん》《ヤンダイガン》など）だけでなく、アメリカ大リーグにも進出し（陳金鋒《ちんきんほう》《チェンジンフォン》、曹錦輝《そうきんき》《ツァオジンフィ》、王建民《おうけんみん》《ワンジェンミン》など）、世界で存在感を示していくようになった。だが、その源流を辿ったとき、台湾を飛び出してプロとして活躍した野球人第一号が、まさしく呉昌征であった。台湾野球選手の海外進出の歴史は、呉によって道が切り拓かれていったのだといえよう。

一九八七年に呉昌征は死去した。七〇歳であった。一九九五年、呉は日本プロ野球の殿堂入り(一一六人目、特別表彰)を果たした。広義の「台湾人」でいえば、呉は王貞治に次ぐ二人目であった(王貞治は中華民国籍だが、日本生まれ日本育ちで、父親は台湾ではなく浙江省出身)。とはいえ、呉が毎日オリオンズ在籍時にコーチをした荒川博は、その後巨人軍のコーチとなり王を指導したことから、世界的名選手・王貞治誕生の裏側には呉昌征の存在があった、と言えるかもしれない。

その二三年後の二〇一八年、呉は台湾側の「台湾棒球名人堂」でも殿堂入りを果たした。日台双方から殿堂入りしたのは、王貞治と呉昌征の二人のみである。けれども、もし「台湾生まれの台湾人」に限定すれば、その栄誉は唯一呉昌征だけに与えられるものとなっている。

(菅野敦志)

参考文献
蔡武璋主編、林華韋・林玫君編『典蔵台湾棒球史　嘉農棒球一九二八―二〇〇五』行政院体育委員会、二〇〇五年
謝仕淵『新版　台湾棒球一百年』玉山社、二〇一七年
東京読売巨人軍五〇年史編集委員室編『東京読売巨人軍五〇年史』東京読売巨人軍、一九八五年

30 陳英郎〔ちんひでろう／チェンインラン〕

台湾人として初めて近代オリンピックに出場した人物は張星賢《ちょうせいけん》《チャンシンシエン》（26）であったが、それはあくまで帝国日本の代表という立場であった。一方、台湾が一九四五年に日本統治を離れたのち、中華民国の代表として初めてオリンピックに出場した台湾人選手が陳英郎であった。

陳英郎は一九二六年に日本統治下の台湾・台南州北港郡北港街（現在の雲林県北港鎮）で生まれた。北港公学校卒業後は台南州立台南二中学校に進学し、台南州下の競技会で数多くの優勝を飾った。ただ、戦争末期には大会開催の余裕もなくなり、彼が注目を集めるのは戦後のこととなる。

一九四四年に台南二中を卒業した陳英郎は、台湾銀行に就職した。その翌年、日本は敗戦、台湾は中華民国の一省となる。一九四六年、第一回台湾省運動会に参加した一九歳の陳英郎に転機が訪れる。当初、陳は別競技での参加予定であったが、複数の種目に参加登録していた友人が最後に力尽き、陳は四〇〇Mの代走を引き受けた。ところが、思いがけず一位となり、優勝してしまうのである。

この好成績は大きな注目を集め、偶然の出場が彼の陸上人生をスタートさせた。とはいえ、二年後にオリンピック選手となるなど、この時点では陳自身も想像していなかった。

一九四七年の第二回台湾省運動会に出場した陳英郎は、四〇〇Mと八〇〇Mで優勝し、大会記録を作った。同大会出場により、陳英郎は台湾人初のオリンピアン・張星賢と知遇を得ることができた。張は陳を大変かわいがり、自身が早大で学んだ陸上競技の技術と知識——帝国日本のスポーツ遺産——を積極的に授けた。張は、陳英郎が生涯の師として仰ぐ存在となった。

一九四八年五月に上海で第七回全国運動会が開催されると、陳英郎は五種目中、四種目で優勝を飾った（図30）。この突出した成績から、彼は突如ロンドン五輪の中華民国代表選手に抜擢されるにいたった。

図30　1948年・第7回全国運動会の陳英郎（『中央日報』1948年5月19日）

そこから二カ月半後、陳英郎はロンドン五輪に中華民国代表選手として出場した。四〇〇Mで出場した陳は、予選で五〇秒五と、二位にわずか〇・四秒差で惜しくも三位に終わった。決勝参加は上位二人のみであり、陳は悔し涙をのむこととなった。

とはいえ、同大会への参加により、陳英郎は「中華民国初の台湾人五輪選手」の称号を手に入れた。日本統治下で台湾人初のオリンピアンとなった張星賢から受け継がれたバトンは、「祖国復帰」後に中華民国籍台湾人で初のオリンピック出場を果たした陳英郎の手に握られることになったのである。

一九四九年に中台は分断国家となり、その三年後の一九五二年にヘルシンキ五輪が開催された。同大会こそ、陳英郎が目標とし、待ち望んできた大会であった。台湾省運動会では、第一回から第六回まで六連覇（一九四六～一九五一年、四〇〇M）を果たしており、ヘルシンキ大会への派遣は確実であった。ところが、同大会に中華人民共和国の出場が許可されると、一方の中華民国・国民党政府は大会出場を辞退してしまう。

前回のロンドン五輪は突如参加が決まり、準備不足であったため、陳英郎はこのヘルシンキ五輪に焦点をあてて練習を重ねてきた。だが、冷戦下の両岸対立は陳の出場の機会を無残にも奪ってしまった。失意のなかにいた陳英郎であったが、そうした陳に対し、張星賢は日本経済短期大学（のちの亜細亜大学短期大学部）への留学や、早大の先輩・織田幹雄によるコーチを斡旋するなど、全力でサポートした。

陳英郎はアジア大会では成果をあげたが、彼の体力と気力のピークは過ぎていた。一九五四年マニラアジア大会では四〇〇Mで銅メダルに輝いた。一九五八年東京アジア大会では一六〇〇Mリレーで銀メダルを獲得したが、これを機に陳は競技から引退した。

一九六四年に東京五輪が開催された。三八歳の陳英郎はもはや選手として出場することはなかったが、台北で聖火ランナーとして走り（聖火は香港→台湾→沖縄の順に移動）、「平和の祭典」の一翼を担うことができた。二〇一一年没。

（菅野敦志）

参考文献

雷寅雄「台湾光復初期的田径英傑――陳英郎先生」程瑞福総編輯『台湾百年体育人物誌　第二輯』台湾身体文化学会、二〇〇七年

第四部　内地

スポーツ事業を展開したYMCA指導者

31　フランクリン・H・ブラウン

スポーツが拡がるには、スポーツを実践する空間（あるいは設備）、スポーツを教える指導者、そして指導者やプレーヤーを育てるプログラム、そのすべてが必要である。こうした「空間・人・プログラム」を民間レベル、それも極東アジアという国民国家を超える規模で整備したのがYMCAであり、それを帝国日本において本格的な事業として展開したのがフランクリン・H・ブラウン（以下、F・ブラウン）だった（図31）。

F・ブラウンは、一八八二年にニューヨーク州オンタリオ市で生を受けた。少年時代からスポーツ好きだったブラウンは、ニューヨーク州ロチェスターYMCAの少年部・体育リーダーグループに所属していた。このグループは北米YMCAがロチェスターで初めて組織したものであり、それを主導したのがアルベルト・ウェゲナーだった。

ロチェスターYMCAで助手をしたあと、F・ブラウンは体育指導者となるためにシカゴにあっ

図31　極東大会に大きな貢献を残したF・ブラウン（大日本体育協会編『大日本体育協会史』上、大日本体育協会、1937年）

たYMCAトレーニングスクールに進学した。このスクールの在学中に、シカゴ南部の一〇カ所の公園でレクリエーションサービスが始まった。このサービスは公園のなかに野球場や体育館などのスポーツ施設と子ども向けの遊び場を設けて、それぞれの公園に指導者を配属するものだった。F・ブラウンはこのサービスの指導者として採用されて、スポーツプログラム（レスリング）を展開した。

F・ブラウンはシカゴのスクールを卒業したあと、ミシガン州ランシングYMCAの体育主事となった。三年後、ニューブライトンYMCAに移り、体育指導者の養成などを行うなかで舞い込んだのが日本行きの話だった。一九一三年一〇月のことである。

F・ブラウンが来日する前から、帝国日本のYMCAには体育事業への関心があった。大阪YMCAでは一八八六年に「大阪体育会」を設けていたし、初期の『開拓者』（日本YMCA同盟の機関誌。一九〇六年創刊）にも遊戯の価値についての論文が掲載されていた。しかし、当時のYMCAは、スポーツを実施するだけの施設や指導者、また指導者を育成するプログラムを欠いていた。一九〇七～一九〇八年にかけて北米YMCAを視察した山本邦之助は、帰国後すぐに室内体育館の設置を東京YMCAに働きかけたが、理事会の反対にあっていた。また一九〇九年、アメリカの国際YM

CAカレッジを卒業して東京YMCAに入った大森兵蔵も体育館の必要性を説いたが、やはり資金難で成就しなかった。こうした状況を打開するべく、日本YMCA同盟は一九一二年の第四回総会にて、体育施設の増設と体育指導者の養成といった体育事業の振興を決議し、その翌年には体育専門主事の日本への派遣を交渉するため、日本YMCA同盟のゲーレン・フィッシャーを北米YMCAに向かわせた。そして、フィッシャーの目に止まったのがF・ブラウンであった。

F・ブラウンが来日後すぐに着手したのが東京YMCAの建築計画だった。シャワー、更衣室、室内プール、全オーク張りの体育館などを有する壮大な計画であったが、アメリカからの援助金と寄附金の合計二一万円（北米YMCAからの援助は一五万五〇〇〇円）を調達して、無事着工にいたった。

その後、F・ブラウンはYMCAの体育事業の実態を調べるために視察を行う。彼はその際に大連と京城も訪れている。彼の一九一四年度の報告書には次のようにある。

東京YMCAの体育施設は弓矢場（archery range）だけであった。横浜には体育事業がない。京都には手頃なジムナジウムとロッカーとバスルームがあるが、ジムナジウムには設備が整っていない。柔術や剣術のクラスはあるが体育主事がいない。大阪では古びた施設しかなく、その一室では柔術や剣術が行われているが体育主事がいない。神戸にはジムナジウムを有する立派で新しい会館があるが体育設備が整っておらず、体育主事がいない。長崎は柔術と剣術のクラスのための小さなジムナジウムがあるが、体育主事がいない。一方、大連には小さなジムナジウムがあり、体育設備は貧弱であるが日本YMCAのなかでは唯一体系的な体育事業が行われている。大連YMCAでは中国政府の体育指導者であったシューメーカー博士が大連に数カ月滞在していたときに、ジムナジウムでの体育クラスを編成したという経緯があった。日本YMCAに編入された京城には体育主事はいないものの、ジムナジウム、オフィス、ロッカールーム、シャワーが整った素晴らしい施設が冬から利用される予定である。また、組織だった野外活動のためのスペースも多くある。

（Franklin H. Brown, "Annual Report for the Year Ending September 30, 1914." 抄訳）

F・ブラウンの視察からわかることは、一九一三年当時、大連・京城の方が内地のYMCAよりも体育事業が進んでいたという事実である。

さて東京YMCAの着工中、F・ブラウンは一時的に神戸に居を移して、関西の三つのYMCAで、バレーボール、バスケットボールといったスポーツプログラムを指導した。当時彼が感じた日本の問題点はスポーツ施設の未整備だけでなく、体育指導者の不足であった。F・ブラウンは熱心にスポーツ講習を行った。彼が陸上競技をコーチした神戸高商では学生がバレーボールに強い興味を抱き、結果、日本で初めてのバレーボール部が形成された。

また、彼は日本のスポーツ関係者を極東アジアという単位からネットワーク化した。それは、YMCAが極東アジアを単位とした大会を設けていたことが大きかった。マニラYMCA体育主事のエルウッド・S・ブラウンが所属していたフィリピンアマチュア競技連盟が日本と中国に呼びかけてつくった極東体育協会は、明らかにＹＭＣＡのネットワークをベースにしていた。極東体育協会は極東大会を定期的に開催するが、第三回東京大会の実施にあたって尽力したのがＦ・ブラウンであった。このスポーツイベントの実施にあたって形成した人脈が嘉納治五郎であり、メディアイベントの仕掛け人であった村山龍平朝日新聞社長、本山彦一毎日新聞社長であった。Ｆ・ブラウンは日本チームの編成に加えて、トラック競技やボールゲームの指導にも直接あたった。また当時のバレーボール選手はたいていがＹＭＣＡ会員であり、バスケットボールの日本代表も京都ＹＭＣＡであった。

Ｆ・ブラウンは一九一七年に来日したスコット・ライアン主事とともに、柳田亨や広田兼敏といったＹＭＣＡの体育主事を育てた。一九二一年からは体育指導者講習会を開催して、ＹＭＣＡがつくったバスケットボールとバレーボールを積極的に伝えた。こうしたＦ・ブラウンの活動は日本で初めての本格的な体育事業であった。すなわち民間ベースでの、施設整備、指導者の育成、体育スポーツプログラムの実践であった。

さらにＦ・ブラウンは帝国日本のＹＭＣＡでも体育事業を推進した。たとえば一九二二年には台湾ＹＭＣＡに赴き、一一月一日から二〇日まで、台北新公園および台北・日本ＹＭＣＡ会堂にて体育指導者講習会を開催した。この講習会は台湾総督府が便宜を図ったもので、終了後に競技会が催され、それに続いて台湾中央運動倶楽部の発会式が開かれた。なお台湾でバレーボールがプレーされたのはこのときが初めてであり、Ｆ・ブラウンは「台湾バレーボールの父」とみなされている。

また、F・ブラウンはアメリカに日本のプレーヤーを派遣した。たとえば、矢野昌子という一八歳の若い女性が一九二七年のバスケットボール世界選手権のフリースロー競技で優勝を果たしている。矢野の派遣を決めたのもF・ブラウンであった。

F・ブラウンは日本で体育指導者学校をつくることを夢見ていた。だが、それは実現しないまま一九三〇年にアメリカに帰国する。これは本人の希望というよりも北米YMCA同盟の海外事業資金が逼迫したためだとされる。のちに彼が計画した東京YMCAの室内プールの整備は「水泳日本」の礎となった。また彼が日本で積極的に伝えたバレーボールも、一九六四年の東京五輪で初めて正式競技化された。F・ブラウンは日本のスポーツ振興の功労を讃えられて、オリンピック東京大会に呼ばれた。

（新雅史）

参考文献
奈良常五郎『日本YMCA史』日本YMCA同盟、一九五九年
日本基督教青年会同盟「各地消息」『開拓者』一八巻一号、一九二三年
安村正和「日本YMCA体育事業育ての親：F. H. Brown 略伝」『研究紀要』プール学院大学、二六号、一九八七年

32　鈴木武〔すずきたけし〕

鈴木武（図32）は、鈴木孝雄（陸軍大将、第四代靖国神社宮司）の長男として一九〇二年に生まれた（伯父の海軍大将・鈴木貫太郎は、侍従長、枢密院議長、「終戦内閣」の首相を歴任）。千葉県出身の鈴木は、東京関口台町の独逸学協会学校中学で陸上競技にのめり込み、走高跳やハードルなどに熱中していたが、「日本マラソンの父」金栗四三が地理学の教員として赴任してくると熱心な「金栗信者」となり、親身な指導を受けて駅伝にも出場したようである。鈴木は主将を務め、一九一九年の第一回全国中等学校陸上競技大会（インターミドル）では、ローハードルの中学記録を作ったという。

「陸上競技の虫」と言われた鈴木は、一九二〇年に中学を卒業したのち、三年にわたる浪人生活を経て官立山形高等学校に入学した。競技部ではハイハードルや棒高跳の選手として活躍したほか、山形・新潟・浦和三高校対抗競技大会の開催をはじめ、東京高師出身の恩師金栗と鴻沢吾老のコーチ招聘、本格的陸上トラックの新設、有名選手のスカウトと受験勉強支援など、マネジメント能力

図32　学生時代の鈴木武（『読売新聞』1935年1月11日）

を開花させ、三年時には主将に選ばれた。一九二五年、鈴木主将率いる山形高校は着実に力をつけ、「黄金時代」を迎える。八月の京都帝大主催全国高校陸上競技大会ではチームとして優勝し、一〇月には山形高校で摂政宮台覧競技が実現、一一月の第二回明治神宮大会では八〇〇Mリレー（広沢泰雄・李曰駿《りえつしゅん》《イワルジュン》・江実《ごうみのる》・高木正征）で織田幹雄を擁する当時最強の早大を破っている。

一九二六年、鈴木は京都帝大農学部林学科に入学し、陸上競技部と同時にラグビー部にもフォワードで参加した（当時両部を兼ねる者は多く、京都帝大ラグビー黄金期の礎を築いた星名秦（12）もその一人であった）。京都帝大でも彼のマネジメント能力は発揮され、一九二八年五月の日本学生陸上競技連合の創立にあたっては関西側実行委員の一人として規約起草に参画し、幹事となった。また、岡部平太（3）が主導して同年九、一〇月に大連や東京などで開催された日仏対抗陸上競技にも委員として関与した。翌年八月には主将として京都帝大陸上競技部一行を率いて渡満し、岡部はじめ満鉄関係者の出迎えを受けたのち、同月一七、一八日に大連運動場で全満洲との対抗戦を行っている。鈴木自身は四〇〇Mハードル四着という結果に終わり、京都帝大も全満洲に敗れている。

一九三〇年三月の京都帝大卒業後は、朝鮮総督府農林局に勤めた（一九三四年、技手から技師となる）。鈴木は京城でも学生陸上の組織化に奔走し、一九三一年には朝鮮学生陸上競技連盟を結成した。この時期の鈴木について東京日日新聞編輯局の弓館小鰐は、「綽名をドンキホーテと呼ばれ、一種の風格を備へた名物男で、今も部内でなか〳〵人望を得てゐるとのことだ」と評している。

ちなみに孫基禎《そんきてい》《ソンギジョン》（21）が金メダルを獲得した一九三六年ベルリン五輪のマラソンで三位となった南昇龍《なんしょうりゅう》《ナムスンニョン》にとって鈴木は、金銭援助をしてくれた恩人であり、孫と南は彼と交誼を結んでいた。

鈴木は一九三四年一〇月、海軍大将の岡田啓介首相兼拓相のもと、秘書官に抜擢され、一二月には対満事務局総裁（林銑十郎陸相）秘書官となり、「満洲産業開発五箇年計画」の実現に向けて努力した。以後、大日本体育協会の幹事・選手強化委員・東洋委員会委員、日本陸上競技連盟の理事・名誉会計、大満洲帝国体育連盟の日本駐在（東京）委員・顧問を務め、満洲国オリンピック参加問題や「建国体操」の普及、満洲在住日本人スポーツ選手の国籍問題のため、日満間を奔走した。

一九三八年、満洲油化工業株式会社総務部長として新京に赴任した鈴木は、満洲国の国際陸上競技連盟加盟承認が報じられた翌年七月一日に書いた小文において、「欧米依存主義排斥」の声のもと柔道・剣道のみを「日本精神」として尊重し、国防競技も生まれていた当時の世相について「甚だ面白くない事」と嘆く一方、「インターナショナル的なスポーツに日本精神の発露を見出してこそ、我等のスポーツは国策的」とジレンマを吐露しつつ国際スポーツと日本精神の合致を夢想している（『陸上日本』第一〇四号）。

以後、国策・軍需関連会社などで実業に従事するかたわら、学生陸上競技界の「元老」として文部省体育局の体育調査委員や紀元二千六百三年靖国神社・箱根神社間往復関東学徒鍛錬継走大会の審判長、大日本学徒体育振興会事務局次長・常務幹事などを務めた。一九四五年四月、鈴木貫太郎に組閣の大命が下ると首相の秘書官に転身し、伯父を支え、「終戦内閣」の裏方として奔走した。

鈴木は、秩父宮が陸軍士官学校長時代の父の教え子であったという縁故もあって、京都帝大時代から交流をもっていた。一九四七年の日本学生陸上競技連合再興にあたっては、秩父宮を訪問し、名誉総裁就任の依頼をしたところ快諾を得、鈴木自身も一九五〇年には第二代会長の重責を担ったが、その三年後、自身のスポーツ生活において「真から尊敬する殿下」と慕っていた秩父宮を失ったことを機に辞した。一九五七年には国際大学競技大会パリ大会に陸上競技選手団顧問として参加している。晩年は船橋カントリー倶楽部社長などを勤め、一九七四年に逝去した。

（藤田大誠）

参考文献

弓館小鰐『スポーツ人国記』ポプラ書房、一九三四年
鈴木武「満洲国スポーツ界に寄する言葉」『満洲体育』三巻一号、一九三六年
鈴木武編著『怒濤の中の太陽』鈴木貫太郎首相秘録編纂委員会、一九六九年
『日本学生陸上競技連合四十年史』日本学生陸上競技連合、一九六九年
『山形高等学校競技部部史』山形高等学校競技部部史刊行会事務所、一九七四年

柔道家として、志士として

33　牛島辰熊〔うしじまたつくま〕

牛島辰熊の二つの顔

牛島辰熊（一九〇四～一九八五年）は戦前最強の柔道家の一人として名高い。一方で一九七四年に出版された彼の伝記が『志士牛島辰熊伝』と題されているように、牛島は志士、すなわち草の根の政治活動家としての一面ももっていた。牛島の柔道家としての面と志士としての面は分かたれていたわけではなく、柔道家として名を馳せたことが結果的に大陸における政治活動につながったという経緯をもつ。ここでは、まず柔道家としての華々しいキャリアを紹介しつつ、政治活動家としての一面にもフォーカスしていきたい。

柔道家・牛島辰熊

牛島は熊本県出身。幼少の頃の牛島は父の剣道好きが高じて剣道を習わされていた。また一五歳頃に扱心流柔術の江口道場に入門している。熊本では、一八九一年から一八九三年の間、嘉納治五郎が第五高等学校の校長として赴任したことをきっかけに講道館柔道が始まる。一八九八年には武徳会の熊本支部が設立され、徐々に学校、警察などで柔道が定着していった。こうしたなか江口道場でも柔術のみならず柔道も行われるようになっていった。

江口道場の先輩にはのちに満洲国建国大学で柔道の指導者となる福島清三郎がいた。牛島が江口道場に入門したときには福島は京都の武徳会が運営する武道専門学校の助教授であった。学校が休暇に入ると、牛島はこの福島を頼って京都の武徳会で稽古をしたという。また、牛島は岡山の第六高等学校へ出稽古《でげいこ》をし、高専柔道の寝技もマスターした。

牛島が初めて満洲に関わるのは一九二四年で、この年彼は兄を頼って渡満し、そこで第二回満鮮対抗柔道試合に満洲側代表として出場している。ただ、このときはまだ志士としての一面は見せていない。それでも青年期のこうした経験はなにかと牛島に大陸を意識させることになっただろう。また同年、武徳会に入門し柔道の初段を取っている。

牛島が柔道家としてその実力を発揮したのは一九二五年から一九二七年の間で、明治神宮大会柔道競技で三連覇を果たしている。その当時、牛島は熊本医大、第五高等学校、熊本県警などの柔道師範を務めていたが、三連覇を機に牛島の名前は帝国日本中に拡がる。まず、一九二九年三月には柔道指導者として上海東亜同文書院に招かれている。同年五月の昭和天覧試合では栗原民雄と死闘を繰り広げ惜しくも準優勝だったが、この試合が評価され、同年一〇月から皇宮警察および警視庁の柔道師範となり、活動拠点を東京に移した。また全日本選士権は一九三一年の第二回、一九三二年の第三回を二連覇した（図33−1）。一九三二年には拓殖大学柔道部師範にもなっている。

このように柔道家としては華々しいキャリアが続いたが、一九三三年に胆石病を患って以降は、競技成績が振るわなくなっていく。一九三五年には赤坂台町に牛島塾を開き、のちに不世出の柔道家と呼ばれる木村政彦を育てることになるが、この頃から選手を引退し、志士の途を歩んでいくようになる。

図33−1　第2回全日本柔道選士権大会を制した牛島（志士牛島辰熊伝刊行会編『志士牛島辰熊伝』）

志士・牛島辰熊

一九三六年、牛島は陸軍少佐今田新太郎と出会う。きっかけは牛島が上海で知り合った鷲崎研太の紹介であった。今田と出会うやいなや武道談義に花が咲き、意気投合したという。今田は満洲事変の首謀者石原莞爾の片腕で、交遊関係も広かった。今田は牛島を実弟のごとく愛したといわれているが、実際に石原、中江丑吉、加藤完治、十河信二、浅原健三といった名だたる各界の名士と引き合わせた。なかでも石原との出会いは、その後の牛島の方向を決定づけたといってもいい。一九三八年、牛島は石原と会い、満洲の異民族統治について次のような意見を聞いたという。

軍事力にも限度がある。永くなると軍事力も弱って来るから、徳を以て民心を収攬せねばならん。

（志士牛島辰熊伝刊行会編『志士牛島辰熊伝』一一五頁）

これを聞いた牛島は「柔道も弱って来たら徳をみがかなければ、人を教える何ものもない。個人の武も、国家の軍事も窮極には一致し、武の極致は徳だ」と悟ったという。

一九三九年一〇月、石原の思想のもとに同志が集まり東亜連盟が結成される。同連盟は五族協和を掲げる団体であり、朝鮮独立運動の士で空手道の大山倍達（23）の師でもあった曺寧柱《そうねいちゅう》《チョニョンジュ》（23）なども出入りしていた。牛島も結成時からのメンバーであったが、彼の主だった活動は東亜武道大会の開催であった。一九四〇年五月一八～一九日に東京後楽園で開かれた同大会では、蒙古連合自治政府の希望で蒙古相撲のエキシビションが行われた。ただ、蒙古を中華民国の一部とみなす南京国民政府はこれを不服とし中国からは華北の代表選手しか派遣されなかった。こうした中国内部の状態に思いを致せない日本側の無理解も日満華の協和を阻んでいた要因の一つであった。

もう一つ、牛島の東亜連盟の活動として注目すべきは、一九四二年三月から四月にかけて国民政府主席の汪兆銘《おうちょうめい》《ワンヂャオミン》を訪問していることだろう。このとき牛島は汪に次のような進言をしている。

中国にも日本の武術に類する実践体、実践方式があるのであるし、これの指導理念を明確にすると同時に教化教育して行くべきである。

（牛島辰熊「中国を訪問して―武道巡歴の記―」『東亜連盟』四巻九号、一九四二年）

これに対して汪は「現在は未だそこ迄行かない」との消極的な返事だった。

牛島がなぜ汪に日本武道ではなく中国武術を勧めたのか。牛島は言う。近頃は「日本の武道を強制的に他民族に普及し様とする傾向が見えるが、私はこれをまづいと思」っている。日本武道はあくまで日本の精神が宿っているが、「中国には中国の武道があり中国の歴史、伝統、民族性がある」はずだ。そのため、まず「中国人自体が中国の持つ古来の武道を見直し、真剣に中国武道を実践体とする懸命の精進を致すべきであり、彼等民族の誇りと責任をはつきりそれによつて体得」することが必要であり、それによって初めて「日本武道の持つ特質に見当がついて来る」のではないか。

図33-2　牛島は漢民族の格闘技（シュアイジャオ）も研究していた（同前）

牛島の主張は最終的に日本武道への理解を求めたものだが、その前に中国人のアイデンティティを中国武術で教化すべきだとするものだった。牛島自身、摔跤《シュアイジャオ》の研究もしており（図33-2）、中国武術に一定の理解を示していた。東亜連盟の理念は民族スポーツの意義を照らし出すことにもつながっていたのではないだろうか。

そして実業家へ

戦後、牛島は進駐軍に柔道を紹介したり、プロ柔道を興したりもしたが、一九五三年に東亜連盟で親交のあった曺とともに鉄鋼販売業協和商事を興し、在日韓国人のクズ鉄拾いを助けることになる。これをきっかけに牛島は実業家へと転身していく。

こののち、牛島は柔道界から退いていくが、一九六一年にパリで行われた世界柔道選手権第三回大会のアントン・ヘーシンクの寝技の冴えを見て、東京五輪で日本選手は勝てないと予想している。牛島の眼は衰えていなかった。それは、競技者の時分に培った合理的な競技分析と東亜連盟で培った日本びいきに陥らない態度がなせる業だったのではないだろうか。

（中嶋哲也）

参考文献

志士牛島辰熊伝刊行会編『志士牛島辰熊伝』志士牛島辰熊伝刊行会、一九七四年
高嶋航『帝国日本とスポーツ』塙書房、二〇一二年

34　人見絹枝〔ひとみきぬえ〕

帝国日本のスポーツで活躍した人物という観点から、女性を挙げるのは難しい。内地と外地の間、あるいは外地間を移動（移住）して競技スポーツで活躍する女性は現れなかったし、植民地のスポーツ行政に関わっていたのも男性ばかりであったからである。あえて挙げるとすれば、日本初の五輪女子メダリスト人見絹枝であろう。もちろん外地在住の女学生が内地に派遣されて試合を行うことはあったし、台湾の林月雲《りんげつうん》《リンユエユン》（28）のように外地から内地へ進学し優秀な成績をおさめる選手もいたが、男性と比べると地味な動きであった。しかし人見だけは突出して、帝国日本の注目の的であった。人見は二四年七カ月という短い人生で、外地においても講演やコーチを精力的に行い、帝国日本の女子スポーツに大きな遺産をもたらした。

スポーツとの出会い

人見は一九〇七年一月一日、岡山県御津郡福浜村にある農家の次女として誕生した。福浜尋常高等小学校を経て、一九二〇年四月に岡山高等女学校（以下、岡山高女）へと進学する。この時代の高等女学校への進学率はおよそ一割、岡山高女の入学倍率は四倍で、人見のように市外の小学校から進学する者は珍しかった。

岡山高女への進学は人見の世界を広げた。スポーツとの出会いも、その一つであった。女子中等教育は、進学者の増加と女性の社会進出を背景に転換期にあり、全国的に見ても体育重視の傾向が強まっていた。第一次世界大戦で欧州の女性が活躍の場を家庭の外へと広げていったことを受け、日本でも体力のある活動的な女性が理想とされるようになっていたからである。岡山高女でも、人見が入学した年に赴任した和気昌郎校長が体育を推進、人見は在学中にテニス（時折、陸上競技）を行い、対外試合でも活躍する。ただし、人見はすんなりとスポーツの道に進んだわけではない。はじめのうちはテニスをすることを家族に猛烈に反対され、テニスに熱中するあまりに裁縫が疎かになったことを自ら悔いてもいる。良妻賢母が規範であった時代に、女子スポーツをどのように位置づけるかをめぐる葛藤に、人見もまた直面していたのである。

人見は学業面でも優秀、読書好きで文章の才能があり短歌も嗜んでいた。卒業後は女子高等師範学校への進学を希望していたようであるが、和気校長らの勧めにより、一九二四年四月に二階堂体操塾に入った。これが、「世界の人見」へと飛躍する第一歩であった。

二階堂体操塾は、英国留学から帰国した二階堂トクヨが理想とする女子の体育教育を行うために一九二二年に設立した全寮制の私塾であった。三期生の人見のずば抜けた競技成績は世間の注目を集めた。

一九二五年三月、人見は二階堂体操塾を卒業し（図34－1）、四月から京都市立第一高等女学校の体育教師となった。だが一学期のみで二階堂体操塾に戻り、母校の専門学校昇格準備を手伝う。この夏休みの間に人見は初めて外地に渡った。台湾教育会主催の女子体育講習会の講師として三人のトクヨの弟子とともに派遣され、実技指導を行ったのである。三段跳の世界記録保持者で若く背も高かった人見は、もともと講師のなかでも注目を集めていたが、講習会の最中にも走高跳、三段跳、槍投で世界記録相当の記録を出した。

図34－1　二階堂体操塾を卒業した人見
（永島惇正編『人見絹枝』）

大阪毎日新聞社入社と欧州遠征

一九二六年に入ると、人見の人生はめまぐるしく変化する。一九二六年三月、二階堂体操塾は専門学

図34-2　運動着姿の人見（同前）

校に昇格、日本女子体育専門学校へと校名を改める。これを機に、人見はトクヨのもとを離れ、五月に大阪毎日新聞社（以下、大毎）に入社、八月には大毎から第二回世界女子オリンピック（イェテボリ）に派遣される。

この頃、著名な運動選手が新聞社に入社するケースが見られるようになっていて、人見もその一人であった。ただ、女子選手の新聞社入りは珍しかった。大毎は、運動部長の木下東作が中心となって日本女子オリンピック大会を開催するなど、女子スポーツの普及に特別に力を注いでいた。水泳の有力選手である永井花子も、人見と同時期に大毎に入社した。新聞社に入社した人見は、自ら国際競技大会に出場して名を上げるとともに運動記者としても活動、さらには事業活動に関する仕事もするようになった。ここでいう事業活動には、日本女子オリンピック大会の運営事務のほか、第三回世界女子オリンピックへの選手派遣、人見による講演会や実技講習（コーチ）が含まれる。これらの対象となったのは主に高女生たちであった。人見は大毎の看板を背負って、女子スポーツの普及に取り組んだのである（図34-2）。

人見の生涯は短かったが、三回の欧州遠征を行った。一九二六年の第二回世界女子オリンピック、一九二八年の第九回アムステルダム五輪、一九三〇年の第三回世界女子オリンピックである。いずれの遠征においても、人見は日本女子、ひいては東洋女性を代表していた。

人見の欧州遠征は初回から成功をおさめた。第二回世界女子オリンピックでは走幅跳・立幅跳で優勝（走幅跳では世界記録樹立）、個人総合一位で名誉賞を授与され世界の注目を集めた。その活躍振りは当然のことながら日本においても話題となった。いな、大会出場前から、世界記録保持者である人見への関心はかなり高かったと考えられ、人見は一人で欧州に向かう途上で多くの歓迎を受けている。

一九二八年のアムステルダム五輪には日本からの唯一の女子選手として大会に出場した。本命の一〇〇Mに敗れたことは本人にとっては不本意であったが、八〇〇Mで二位に入った。

アムステルダム五輪後、人見はスランプに陥る。引退も考えるが、後輩もまだ育てられていないと思い直しトレーニングを再開する。そして一九三〇年九月には、五人の若い女子選手（高女生）とともに第三回世界女子オリンピック（プラハ）に出場、四年前のような成績は残せなかったが走幅跳では優勝する。この大会では、若い選手を派遣するための資金集めに奔走していたし、日本出発後も引率者としての責任が肩にのしかかっていた。疲労が蓄積されていたのだろう。人見は幼少期から病弱な体質であったが、プラハの大会が終わる頃には咳が止まらなくなるといった体の不調を感じていた。

隔年で欧州遠征をするかたわら、人見は各地で講演やコーチもして回っていた。プラハから帰った後も忙しく各地を飛び回った。記者としての記事執筆に加え、単著だけでも『最新女子陸上競技』（一九二六年）、『スパイクの跡』（一九二九年）、『戦ふまで』（一九二九年）、『ゴールに入る』（一九三一年）、『女子スポーツを語る』（一九三一年）と立て続けに出版している。無理がたたってか一九三一年四月に入院、八月二日に乾酪性肺炎のため死去、二四歳七カ月の生涯であった。

外地の人々との交流

人見は欧州遠征の途中で外地の人々と交流した。一九三〇年の遠征は船で帰ったが、それ以外の遠征は朝鮮と満洲を経由するシベリア鉄道の旅であった。一九二六年の第二回世界女子オリンピック渡航の際には、往路ではまず京城で朝鮮人の女学生を相手にコーチ、ハルビンには一週間ほど滞在して、ロシアの女子選手倶楽部が主催する競技会に参加した。ハルビンの競技会では「日本の女流選手が出場する」というビラが貼りだされ、日本人・中国人・ロシア人の観衆三〇〇〇名ほどが集まったという。朝鮮では斎藤実総督、ハルビンでは外交官天羽英二と会っている。世界記録保持者で大毎のバックアップもあったためか、特別扱いを受けていたといえる。帰路もハルビンで歓迎レセプション、大連で歓迎茶話会と陸上競技会が開かれ、旅順では関東庁始政二十周年記念運動会に出場した。時間のある限りにおいて人見は現地の人々と交流し、特に女学生を集めてコーチを行った。

一回目の遠征と比べ、二・三回目の遠征の際には同行者がいたためか外地滞在期間が短く、それほど交流の記録は残っていない。それでも一九三〇年には往路ハルビンで講演、復路シンガポール、香港、上海で講演を行っていたことがわかる。

三度の遠征とは別に、一九二八年と一九二九年の秋にも人見は朝鮮や満洲を訪問している。一九二八年には平壌、京城で講演会を行い、京城の講演会（京城日報社主催・大毎京城支局後援）では開会三〇分前にすでに観衆が場外にあふれるほどの盛況だったという。人見の講演会に聴衆が詰めかけ、国際競技会の話に観衆が魅了されるといった光景は、内地の各所で見られたのと同じであったといえよう。

一九二九年には、来日したドイツの選手たちとともに人見は大陸に渡った。この年、日本陸上競技連盟がドイツ選手を招聘し、東京、関西、京城、奉天で対抗競技が開かれた。人見は京城で開催された日独競技に出場したのちに奉天へと移動、張学良《ちょうがくりょう》《チャンシュエリャン》主催で東北大学運動場にて行われた日独支対抗競技に出場した。奉天に移動した日には張学良とも会見している。人見はスポーツ界以外の人に取材をしたことは一度もなく、張学良の会見を前にかなり緊張していた。張学良との会見は、記事にはなったが、内容は世間話、挨拶程度に終始したようである。ただ人見が執筆した記事には、張学良に「あなたのお名前はよく知つてゐました。東洋の女性の為に気を吐いて下さるあなたに私は当に感謝してゐるのです」と力強く言われたとの記述があり、人見が張学良にも一目置かれる存在であったことがわかる。

大陸つながりの人脈としては、人見は満鉄を経て吉野鉄道に勤務していた谷三三五《たにささご》の指導を受け岡部平太（3）のことも慕っていた。同時代の有力な女子選手である高見静《たかみしず》（大連）、林月雲（28）との接点も確認できる。人見死後にはハルビンの女子選手からも、追悼文が送られている。

（浜田幸絵）

参考文献
永島惇正編『人見絹枝：生誕一〇〇年記念誌』日本女子体育大学、二〇〇八年
人見絹枝『スパイクの跡』平凡社、一九二九年
人見絹枝『ゴールに入る』一成社、一九三一年
三澤光男『はやての女性ランナー：人見絹枝讃歌』不昧堂出版、二〇〇五年

日本人になれなかった巨人軍のエース

35　ヴィクトル・コンスタンチーノヴィチ・スタルヒン

戦時中の巨人軍を支えたスタルヒン投手は、一九一六年にウラル山脈東麓のニジニ・タギルという町で生まれた。翌年にロシア革命が勃発すると、父コンスタンチンは白軍に参加、母子はシベリアへ逃れた。逃避行の途中で父が合流し、一家は一九二一年にハルビンに辿り着いた。故郷を離れて三年あまりが経っていた。

ハルビンは一八九八年に、満洲里と綏芬河（その先にウラジオストクがあった）を結ぶ東清鉄道本線、および大連、旅順へと延びる支線との交点に、ロシア人によって建設された町である。ロシアにとっては極東の町だったハルビンは、日本人にとってはヨーロッパを最も身近に感じることのできる町であった。革命によって大打撃を受けたロシア文化が、ここハルビンではなお花を咲かせていた。スポーツの世界でも、ハルビンはヨーロッパと日本をつなぐ役割を果たした。ヨーロッパのスケート技術はハルビンのロシア人を通して満洲、朝鮮、内地へと伝わった。満洲国時代には砲丸投の満洲国記録保持者トルビンの活躍が目立った。トルビンは数々の「国際」競技会に満洲国代表として参加し輝かしい成績をおさめた。

一九一七年に六万人ほどだったハルビンのロシア人人口は、革命に伴う大量の亡命者の流入により、一九二一年には一六・五万人まで膨れ上がった。その後、多くのロシア人が再移住したことで、一九二四年には五・八万人にまで減少する。スタルヒン一家の軌跡も、これら亡命ロシア人のそれをなぞるものであった。一九二五年、一家は四年間暮らしたハルビンをあとにし、日本政府により指定された旭川に移り住んだ。

旭川市立日章小学校に入学したスタルヒンは、そのずば抜けた身長だけでなく運動能力によっても注目を集めた。投手としての素質を買われて、スタルヒンは兵庫県の野球の名門校甲陽中学に進学する。しかしほどなくして、スタルヒンの待遇に兵庫県の他の学校から批判が上がり、退学を余儀なくされる。旭川中学に編入したスタルヒンは、一年生ながらエースとなって全道大会に臨んだ。二回戦で対戦した小樽商業にも、白系ロシア人の選手アレキサンダー・ヴォロビヨフがいた。ヴォロビヨフは早大に進学し、レスリング・ミドル級の日本チャンピオンとなる。旭川中学は準々決勝まで進んだが函館中学に敗れた。

一九三三年、父コンスタンチンが殺人事件を起こし一家は窮地に追い込まれるが、スタルヒンは周囲のサポートにより練習を続けることができた。この年の全道大会、翌年の全道大会と二年連続で旭川中学は決勝に進み、スタルヒンは三振の山を築いたが、味方の貧打とエラーで「甲子園」大会出場の夢は断たれた。来年こそはと旭川の町が一丸となって応援していたところに事件が起こった。

一九三四年、読売新聞社はベーブ・ルースらアメリカ大リーグの選抜選手を招待した。主催者はこれを迎え撃つべく全日本軍を組織した。文部省が学生とプロ選手との試合を禁じていたため、全日本軍の主力は大学OB選手となった。ただし例外が二人いた。京都商業の沢村栄治と旭川中学のスタルヒンである。二人をスカウトしたのは秋本元男という男だった。秋本がやってくると、旭川では町を挙げてスタルヒンを守った。秋本は渋るスタルヒンに国外追放をちらつかせ（父親が殺人を犯していたため）、全日本軍入りを同意させた。スタルヒン母子は夜逃げ同然に旭川をあとにした。

一九三四年一二月、全日本軍を母体に日本初のプロ野球チーム大日本東京野球倶楽部（のち東京巨人軍）が結成され、スタルヒンもその一員となった。当初は沢村の影に隠れていたスタルヒンだが、一九三七年に沢村が応召してチームを離れると一躍巨人軍のエースとなって活躍、一九三九年には四二勝を挙げた（この記録はまだ破られていない）（図35）。翌年、スタルヒンは須田博と改名する。もちろん本人が望んだ

図35　巨人軍エース時代（1939年）のスタルヒン（ナターシャ・スタルヒン『白球に栄光と夢をのせて』）

わけではない。

一九四一年夏には肋膜炎を患い一年近くマウンドから離れた。沢村は三度も応召し、ついに帰らぬ人となったが、無国籍のスタルヒンには徴兵される心配はなかった。一九四四年にプロ野球が消滅すると、スタルヒンは軽井沢に軟禁された。

戦後、プロ野球が再開すると、スタルヒンは師と仰いでいた藤本定義が率いるパシフィック太陽に参加した。その後、金星大映を経て、一九五四年に浜崎真二(8)が監督を務める高橋ユニオンズ(翌年トンボ・ユニオンズ)に入団、翌年九月に史上初の通算三〇〇勝を達成した。この年にスタルヒンは引退、二年後に交通事故で亡くなった。

スタルヒンは何度も帰化を申請したが結局認められず、無国籍のまま生涯を終えることになった。時代に翻弄され、政府にも見放されたスタルヒンにスポーツの世界は活躍の場を与えた。その活躍はスタルヒンと同じ境遇にあった人々を元気づけたであろう。そうであるならスタルヒンは例外的人物ではなく、「日本」社会の一部を代表していたと考えるべきであろう。


(高嶋航)

参考文献
ナターシャ・スタルヒン『白球に栄光と夢をのせて:わが父V・スタルヒン物語』ベースボール・マガジン社、一九七九年

ナターシャ・スタルヒン『ロシアから来たエース：300勝投手スタルヒンのもう一つの戦い』PHP研究所、一九八六年
牛島秀彦『巨人軍を憎んだ男：V・スタルヒンと日本野球』福武書店、一九九一年

あとがき

帝国日本のスポーツをどのように見ればよいのか。本書ではそれを帝国日本に生きたアスリートやスポーツエリートに着目しながら、それぞれの人生がスポーツとの関係のなかでどのように展開されたのかを見てきた。

彼らをスポーツへと駆り立てたのはスポーツそのものを楽しもうとする内発的な動機づけであり、また彼らの身体が放り込まれたその時空間、社会的環境に起因するものでもあった。ある環境下に置かれた彼らはスポーツを身体化し、帝国日本のなかを、世界を移動した。近代社会のなかで形成されたネットワーク網を近代文化としてのスポーツを通して自在に動き回ったのである。この移動には二つの定式があった。一つは移動先に一定期間定住してスポーツ活動を行う移動、もう一つはスポーツイベントのために帝国日本と世界を行き交う短期間の移動である。

これら移動したアスリートを時期的に見るのなら、前者の移動を担ったスポーツエリートはウェスタンインパクトの影響で内地の人々が満洲（関東州）、朝鮮、台湾などに移動し、伝播させたスポーツを再生産的に発展させる役割を果たしたと言えよう。受け皿のあるなかをアスリートは移動する。それは一方向的にではなく横断的に、あるいは循環的に動くのであった。こうしてＹＭＣＡが東アジアに伝播させたスポーツと帝国日本のスポーツが、内地延長主義的にその範囲が拡大される帝国日本のなかで掛け合わされ、あるときは内地と対抗し、あるときは帝国に包摂されながらスポーツを展開した。

後者の移動を担ったアスリートやスポーツエリートはある一定の成熟度を見たスポーツ環境下において内地、外地を問わず、スポーツを享受した。彼らは個人の優れた身体能力によって選抜され、スポーツイベントを通じて帝国日本のなかを循環した。そうして帝国日本へと集約されるとともに、帝国日本を経由しつつ世界の舞台へと立つ者も現れた。

帝国崩壊後にはその関係性から解き放たれ、彼らを取り巻くそれぞれの社会環境のなかで新たに展開される人生があった。その移り変わりに興味をもたれた読者もいたことと思う。そこには新たな社会があり、帝国日本のアスリートとスポーツエリートにとっては新たな社会との契約の可能性と不可能性が見られることになる。これは内地と外地でかなりの温度差があったと見てよいだろう。彼らはスポーツに「帝国日本」を内包しながら、スポーツに取り組み、多様に生きた、あるいは生きざるをえなかったのである。

本書に登場したアスリートたちはほとんどその名を知られていない人たちばかりである。一部を除いては帝国日本の時代に埋もれたスポーツヒーローたちであった。だが彼らに着目したことの意義は大きい。なぜなら彼らが帝国日本の時代のあとにどのような存在になっていったのかを見ていくと、彼らと帝国の関係がよくわかり、スポーツが作り出している世界がなんたるかを理解させてくれるからである。アスリートたちに着目し、彼らの人生を追いかけたのはその分析のための青写真を描くことにあった。ゆえに本書はそうした人々を掘り起こす作業に満ちていた。帝国日本のスポーツを理解する試みは始まったばかりである。人知れず活躍したアスリートは帝国日本のなかにまだまだ存在している。

本書は二〇一六年に組織した満洲スポーツ研究会（代表：高嶋航）のメンバーで書き上げた初めての作品である。こうして出版までこぎ着けたのは、これまでいくつもの研究助成金を受け研究を継続することができたからである。二〇一六～二〇一七年度にサントリー文化財団人文学・社会科学に関する研究助成、二〇一八年度に三菱財団人文科学研究助成、二〇一八年度より日本学術振興会科学研究費補助金基盤研究B（帝国日本と東アジアスポーツ交流圏の形成／18H00722）（研究代表者：高嶋航）を受け、研究の成果を出版することができた。助成金をご提供いただいた財団、学術振興会にはここに記して厚く御礼申し上げたい。

最後に本企画を積極的に応援していただき、いろいろと無茶なお願いも聞き入れていただいた塙書房の寺島正行氏に感謝申し上げたい。本書の意義をご理解いただき、出版を快く引き受けてくださったことは本当にありがたかった。

今後も我々は帝国日本の姿をスポーツという身体文化によって照射し、あらわになる姿を描いていく。それがある地点で姿を変えて、消えていくことも頭の片隅に置きながら。

二〇二〇年三月

満洲スポーツ研究会を代表して
金　誠

中　嶋　哲　也（なかじま・てつや）

1983年生まれ。茨城大学教育学部准教授

『近代日本の武道論：〈武道のスポーツ化〉問題の誕生』（国書刊行会、2017年)、「フィールドワークによる源了圓の「型」概念の相対化：新陰流の稽古法に着目して」（『体育学研究』65巻、2020年）ほか。

浜　田　幸　絵（はまだ・さちえ）

1983年生まれ。島根大学法文学部准教授

『日本におけるメディア・オリンピックの誕生：ロサンゼルス・ベルリン・東京』（ミネルヴァ書房、2016年)、『〈東京オリンピック〉の誕生：1940年から2020年へ』（吉川弘文館、2018年）ほか。

藤　田　大　誠（ふぢた・ひろまさ）

1974年生まれ。國學院大學人間開発学部健康体育学科教授

『近代国学の研究』（弘文堂、2007年)、『明治神宮以前・以後ー近代神社をめぐる環境形成の構造転換ー』（共編著、鹿島出版会、2015年）ほか。

編者・執筆者紹介

編者

高　嶋　　　航（たかしま・こう）

1970年生まれ。京都大学大学院文学研究科教授

『帝国日本とスポーツ』（塙書房、2012年）、『国家とスポーツ：岡部平太と満洲の夢』（KADOKAWA、2020年）ほか。

金　　　　　誠（きん・まこと／キム・ソン）

1974年生まれ。札幌大学地域共創学群教授

『近代日本・朝鮮とスポーツ：支配と抵抗、そして協力へ』（塙書房、2017年）、『孫基禎―帝国日本の朝鮮人メダリスト』（中公新書、2020年）ほか。

執筆者

新　　　雅　史（あらた・まさふみ）

1973年生まれ。流通科学大学商学部専任講師

『商店街はなぜ滅びるのか』（光文社新書、2012年）、『「東洋の魔女」論』（イースト・プレス、2013年）ほか。

佐々木　浩　雄（ささき・ひろお）

1975年生まれ。龍谷大学文学部准教授

『体操の日本近代：戦時期の集団体操と〈身体の国民化〉』（青弓社、2016年）、「体操とナショナリズム：体操の国民的普及と国家政策化」（『オリンピックが生み出す愛国心：スポーツ・ナショナリズムへの視点』かもがわ出版、2015年）ほか。

菅　野　敦　志（すがの・あつし）

1975年生まれ。名桜大学国際学群上級准教授

『台湾の国家と文化―「脱日本化」・「中国化」・「本土化」』（勁草書房、2011年）、『台湾の言語と文字―「国語」・「方言」・「文字改革」』（勁草書房、2012年）ほか。

束　原　文　郎（つかはら・ふみお）

1977年生まれ。京都先端科学大学健康医療学部准教授

「体育会系神話の起源」（寒川恒夫編著『近代日本を創った身体』大修館書店、2017年）、「スポーツ＝モノづくりを起点としたまちづくり：下町ボブスレーネットワークプロジェクト（東京都大田区の事例）」（松橋崇史ら編著『スポーツまちづくりの教科書』青弓社、2019年）ほか。

帝国日本《ていこくにほん》と越境《えっきょう》するアスリート

2020年12月10日　第1版第1刷

編　者　高嶋　航
金　誠

発行者　白石タイ

発行所　株式会社　塙書房

〒113-0033　東京都文京区本郷6丁目26-12

電話　03(3812)5821
FAX　03(3811)0617
振替　00100-6-8782

亜細亜印刷・弘伸製本

定価はカヴァーに表示してあります。落丁本・乱丁本はお取替えいたします。

ISBN978-4-8273-1316-1　C1021